Sandra Felton

Im Chaos werden Rosen blühen

W0094085

Sandra Felton

Im Chaos werden Rosen blühen

Tips und Tricks für Messies

Aus dem Amerikanischen
von Ulrike Zellmer-Wettach

Brendow
Buch · Kunst · Verlag

Für Ivan, der mich trotz allem immer liebhatte.

Danksagung

an Tina   die mein kreatives (sprich „unordentliches")
Manuskript tippte und eine zusätzliche Kopie
davon anfertigte, damit ich mir keine Sorgen
machen müßte, meines einmal zu verlieren.

an Marie   die ich immer dann aufsuche, wenn ich das
Gefühl habe, mein Selbstwertgefühl müsse wieder einmal aufgebaut werden. Sie gab, ohne daß
sie es wußte, den Anstoß zu diesem Buch.

Die Deutsche Bibliothek – CIP-Einheitsaufnahme

Felton, Sandra:
Im Chaos werden Rosen blühen : Tips und Tricks für Messies / Sandra Felton.
[Aus dem Amerikan. von Ulrike Zellmer-Wettach]. 5. Aufl. – Moers : Brendow,
2000
  (Edition C : C ; 445)
  Einheitssacht.: Messies 2 >dt.<
  ISBN 3-87067-608-6
NE: Edition C / C

5. Auflage 2000
ISBN 3-87067-608-6
Edition C, C 445
© 1995 by Brendow Verlag, D-47443 Moers
Originalausgabe: Messies 2. First published by Fleming H. Revell, a devision of
Baker Book House Company, P. O. Box 6287, Grand Rapids, Michigan.
All Rights Reserved. Copyright © 1986 by Sandra Felton
Einbandgestaltung: Thomas Georg, Münster
Foto: Comstock Bildagentur
Satz: AbSatz Typographisches Büro, Klein Nordende
Druck und Bindung: St.-Johannis-Druckerei, Lahr
Printed in Germany

Inhalt

Einleitung

Ein Südseeinsulaner mit dem merkwürdigen Namen Johnny Lingo machte sich auf, um einen Brautpreis auszuhandeln. Die Eltern seiner Auserwählten saßen vor ihrer Hütte und warteten auf das große Ereignis. Andere Dorfbewohner, die stets über jedes Dorfgeschehen Bescheid wußten, versammelten sich ebenfalls vor der Hütte, um den Verhandlungen zu folgen. Einige Männer meinten, daß Johnny ein gewiefter Verhandler sei und zweifellos einen guten Handel abschließen würde. Der übliche Brautpreis waren zwei bis fünf Kühe. Die Frauen pflegten oft ihre Brautpreise miteinander zu vergleichen. War für eine fünf Kühe bezahlt worden, wollte sie natürlich, daß das bekannt würde. Die Braut in unserer Geschichte war ein sehr schüchternes Mädchen und eher etwas reizlos. Sie war sehr verlegen und fürchtete, gedemütigt zu werden, und so war sie, zur Bestürzung ihrer Familie, auf einen etwas weiterab gelegenen Baum geklettert, um den Verhandlungen aus der Ferne zu folgen.

Johnny erschien also und hockte sich nach Art der Südseeinsulaner vor den Vater des Mädchens. Als die Begrüßungszeremonien beendet waren, bot er sofort acht Kühe für seine Auserwählte. Acht Kühe! Der Handel wurde schnell beschlossen. Die Braut war gekauft. Die Hochzeit fand statt, und das Brautpaar fuhr auf eine Nachbarinsel in die Flitterwochen.

Als sie zurückgekehrt waren, begab sich der Besitzer des Dorfladens zu ihrer Hütte, um ein Päckchen abzuliefern, das in ihrer Abwesenheit angekommen war. Johnny hatte einen wunderschönen, reich verzierten Handspiegel als Hochzeitsgeschenk für seine Braut bestellt. Als Johnny und seine Frau aus ihrer Hütte kamen, um ihn zu begrüßen, war der Ladenbesitzer verblüfft über die Verwandlung, die sich mit der jungen Frau vollzogen hatte. Das schüchterne und reizlose Mädchen, das die Dorfbewohner kannten, gab es nicht mehr. An seiner Stelle stand dort eine strahlende Schönheit, die sich der Liebe und Achtung ihres Mannes bewußt war. Johnny überreichte seiner Frau das Geschenk.

Nachdem die junge Frau in die Hütte gegangen war, machte der Ladenbesitzer eine Bemerkung über die auffallende Veränderung, die mit Johnnys Frau vor sich gegangen war.

„Ich habe sie schon als kleines Mädchen geliebt", sagte Johnny. „Ich wollte sie schon immer heiraten, doch ich wußte, sie würde sich zu unwürdig fühlen, um meine Frau zu werden. Ich habe acht Kühe für sie bezahlt, damit sie selbst und das ganze Dorf erfahren, wie wertvoll sie mir ist. Dieses Wissen hat die Veränderung in ihr bewirkt."

Dieses Buch ist wie die Geschichte von Johnny Lingo und seiner Braut. Die Veränderung in Ihrem Haus wird nur von Dauer sein, wenn Ihnen bewußt ist, was für ein wertvoller Mensch Sie sind. Menschen, die so wertvoll sind wie wir, leben nicht im Chaos. Wir fügen uns durch unser unordentliches Leben keinen Schaden zu und bringen uns auch nicht in Verlegenheit. Wir sind nicht nur zwei oder fünf Kühe wert. Wir sind acht Kühe wert. Wenn uns diese Tatsache in ihrer ganzen Tragweite bewußt wird und wir sie auch akzeptieren, ergibt sich die Veränderung in unserem Haus auf natürliche Weise, und sie wird auch von Dauer sein. Denn die Veränderung kommt von innen und spiegelt sich in unserer äußeren Umgebung wider. Der Kampf gegen die Unordnung wird endlich gewonnen sein.

Ich bin eine Frau, die acht Kühe wert ist – eine wunderbare und wertvolle Frau. Ich möchte es in die Welt hinausrufen, ich möchte das ganze Dorf wissen lassen: Ich bin würdig, ich bin wertvoll. Und das sind Sie auch!

Teil 1

Im Angesicht des Feindes

1 Die Zeichen stehen auf Sturm

Wir sind auf den Feind gestoßen — nämlich auf uns selbst.

Pogo

Durch Ihr Leben stürmt ein wunderbarer Wind. Es ist der Wind der Veränderung. Er bringt die Hoffnung auf einen neuen Frühling der Ordnung und Schönheit mit und läßt den Winter des Chaos' und der Unordnung hinter sich. Das Wunderbare am Frühling ist, daß er so mühelos und auf natürliche Weise kommt. Der Winter lockert seine eisige Umklammerung und schleicht sich kampflos davon.

Mit Ihren Haushaltsproblemen ist das anders. Sie werden nicht so automatisch verschwinden.

Ich habe eine schlechte und eine gute Nachricht für Sie. Die schlechte Nachricht ist, daß Sie selbst das Problem in Angriff nehmen müssen. Die gute Nachricht ist, daß Sie dazu in der Lage sind.

Wie schlimm steht es eigentlich um den Winter? Es gibt in den Vereinigten Staaten schätzungsweise 33 Millionen Messies[1]. Es sind Männer und Frauen, Erwachsene und Kinder. Doch die Messies, die erwachsene Frauen sind, leiden am meisten darunter. Und zwar deshalb, weil die erwachsenen Frauen allgemein als Organisatoren angesehen werden. Das gilt sowohl im eigenen Heim als auch im Geschäftsleben. Es gilt gleichermaßen für Ehefrauen und Sekretärinnen. Wenn Sie die älteste erwachsene Frau einer Gruppe sind, wird von Ihnen erwartet, daß Sie die Organisation übernehmen.

---

[1] Messies sind Menschen, die Schwierigkeiten haben mit der vernünftigen Organisation ihres Alltags.

Ich habe damit nicht gesagt, daß die ältesten erwachsenen Frauen die Organisation übernehmen, weil sie das so gut können. Es gibt unter ihnen gute und schlechte Organisatoren. Die Arbeit der Organisation wird dieser Gruppe ganz einfach deshalb übertragen, weil man ein solches Verhalten von ihnen erwartet. Das hat natürlich auch Vorteile. Der Mensch, der die Organisation übernimmt, kann Vorgänge nach seinem oder in unserem Fall ihrem Gutdünken steuern. Für einen organisierten Menschen beinhaltet die Tatsache, daß er organisiert ist, auch eine Machtposition. Macht vermittelt einem Menschen Stärke und ein Gefühl des Wohlbefindens. Wir können das an unseren organisierten Freunden beobachten. Die Freundin, die Sie stolz durch ihr untadelig geputztes und aufgeräumtes Haus führt (und dabei sogar Schranktüren öffnet, um Ihnen die ordentlich eingeräumten Kleider, Schuhe, Handtaschen usw. vorzuführen), tut das nicht in erster Linie um Ihretwillen. Sie sind vielleicht fasziniert, und es verschlägt Ihnen die Sprache angesichts dieser unglaublichen Ordnung. Aber der wahre Grund, weshalb Ihre Freundin Ihnen ihren organisierten Haushalt vorführt, ist der, daß sie sozusagen ihre „organisatorischen Muskeln" zeigen will, um sich selbst ihrer Macht zu versichern. Sie erlebt ein seelisches Hochgefühl, einen inneren Auftrieb, wenn sie die von ihr geschaffene Ordnung vorführt. Die Tatsache, daß sie alles unter Kontrolle hat, löst eine magische Energie aus. Wenn sie Sie herumführt, hebt sie damit ihren „Energiespiegel" an.

Sie erhält auch neue Motivation. Wenn sie solche Kraft und Energie in sich spürt, möchte sie auch in Zukunft ihr Haus in Ordnung halten, damit sie sich dieses positive Gefühl erhält.

Das gilt auch im Büro. Wenn eine bestimmte Information benötigt wird, und Sie brauchen nur die Hand auszustrecken, um das betreffende Schriftstück vorzulegen, erfüllt Sie das mit großem Selbstvertrauen. Diese Art der Motivation funktioniert besonders gut, wenn jemand anders, vielleicht sogar Ihr Chef, wartend neben Ihnen steht. Sie werden den Wunsch haben, auch weiterhin Ordnung zu halten, damit sich dieses Erfolgserlebnis wiederholt.

Es ist jedoch gar nicht notwendig, Zuschauer zu haben, um solche Stärke zu verspüren. Jedesmal, wenn die Hausfrau die Tür zu ihrem geordneten Schrank öffnet oder die Geschäftsfrau ihre Hand nach einem bestimmten Schriftstück ausstreckt und dieses sofort findet, geben sie sich selbst ein Gefühl von Macht und Stärke. Sie haben den Überblick.

Wenn Sie ein Messie sind, fragen Sie sich vielleicht, wie manche Leute es schaffen, ihre Motivation über lange Zeit aufrechtzuerhalten. Wenn solche Leute das Gefühl haben, daß ihnen die Dinge entgleiten, schalten sie automatisch in einen „höheren Gang". Sie können das Gefühl der Enttäuschung, Verlegenheit oder Ohnmacht nicht ertragen. Es macht ihnen Angst, und deshalb tun sie etwas dagegen.

Den 33 Millionen Messies in den Vereinigten Staaten entgeht dieses Gefühl der Macht und Stärke. Sie fühlen sich ohnmächtig und sind enttäuscht, weil es ihnen nicht gelingt, ihren Haushalt unter Kontrolle zu bekommen. Sie fühlen sich verlegen und gedemütigt, weil andere ihre Unfähigkeit sehen. Sie fühlen sich gequält und erniedrigt, weil ihre Mitmenschen sich ständig über das Chaos und die Unordnung beklagen, mit denen sie leben müssen.

Mir haben die unterschiedlichsten Frauen geschrieben und anschaulich geschildert, was für ein Gefühl es ist, ein Messie zu sein, der keine Kontrolle über sein Leben hat. Diejenigen unter Ihnen, die keine Messies sind, können nicht verstehen, was in denen vorgeht, die den Kampf gegen die Unordnung kämpfen und ihn verlieren. Vielleicht dachten Sie, uns Messies mache das nichts aus. Doch das stimmt nicht. Wir sind sehr verzweifelt über diese Situation.

„Ich ertrank förmlich im Chaos und wurde kraftlos, apathisch und stumpf bei dem Versuch, meine geistige Gesundheit zu erhalten!"

Doris

„In den letzten paar Jahren habe ich mich wegen meiner Unordnung als hoffnungsloser Fall gefühlt."

Shelly

13

„Ich bin es leid, wie ein kopfloses Huhn durch die Gegend zu rennen."

Heather

„Ich befand mich wegen meiner Haushaltsprobleme jahrelang am Rande der Verzweiflung."

Dot

„Ich wußte, daß mit mir etwas nicht stimmte, daß ich als Mensch ein Versager war."

Lynn

Im Winter des Chaos' und der Unordnung zu leben, ist eine schwerwiegende Belastung.

„Ich habe gerade über die Demütigung und den Verlust von Selbstachtung nachgedacht, die sich als Folge eines unordentlichen und unorganisierten Lebens einstellen. Das ist so destruktiv."

Betty

„Ich war völlig verzweifelt."

Lois

Wenn Sie selbst ein Messie sind, kommt Ihnen das bekannt vor. Wir sehnen uns nach Erfolg, Macht und Stärke. Allzuoft ernten wir jedoch Enttäuschung und Versagen.

Aber die Stürme der Hoffnung blasen mit Macht und kündigen den Frühling an. Vielleicht werden die Sturmzeichen zu Hoffnungszeichen, noch ehe der Sommer kommt.

Es wird Zeit für eine Kriegserklärung, wenn ...

Sie in Ihrer Manteltasche einen vier Monate alten Beleg der Reinigung finden. Sie erinnern sich nicht mehr, welche Kleidungsstücke Sie in die Reinigung gebracht haben, und, was noch schlimmer ist, Sie haben sie nicht einmal vermißt.

—◇—

Ihre Schwiegermutter Photos von Ihrem Haus an den Herausgeber eines Buches geschickt hat, das unter dem Thema steht: „Ob Sie es glauben oder nicht".

—◇—

Sie im Keller einen Sack voller Kleidungsstücke gefunden haben, die Sie sortieren und waschen. Danach fällt Ihnen ein, daß Sie diese Sachen eigentlich für eine Kleidersammlung vorgesehen hatten.

—◇—

die Keramikmäuse, die Sie seit Ihrem achten Schuljahr sammeln, mittlerweile drei Regale und zwei Tische füllen; sie stehen auch auf dem Kühlschrank, und lagern sogar in einer Schublade im Gästezimmer.

—◇—

Ihr Mann folgenden Satz aus Dantes *Inferno* über die Kellertür geschrieben hat:
Lasciate ogni speranza, voi ch'entrato — Die Ihr hier eintretet, lasset alle Hoffnung fahren.

15

Die Qual der Niederlage

Kennzeichen des gescheiterten Messies

Verlegenheit: „Bitte, entschuldige die Unordnung. Ich, äh, hier fand gerade eine riesige Kissenschlacht statt, und ich, äh, ich bin noch nicht ... schieb das einfach beiseite ... du siehst ja selbst, äh, ...“

Demütigung: Sie öffnen die Kühlschranktür, und die Katze springt Ihnen entgegen.

Enttäuschung: „Immer Winter – und nie wird es Weihnachten.“ Sie wissen genau, was jetzt getan werden sollte und fangen mit den besten Absichten an – nur werden Sie nie fertig. Es gibt wohl nichts Enttäuschenderes, als eine begonnene Sache nicht zu Ende zu führen.

Ohnmacht: Sie fühlen sich wie in einem Rolls-Royce mit einer leeren Batterie.

Beunruhigung: Sie fühlen sich ständig von den Bedürfnissen Ihrer Familie, den anstehenden Arbeiten im Haushalt und Ihren eigenen Bedürfnissen bedrängt. Eine häusliche Version des Londoner Blitzkriegs: Sehr beunruhigend – aber es könnte eine richtige Katastrophe daraus entstehen.

Angst: Sie leben ständig in dem Bewußtsein, daß etwas verlorengegangen, zu spät oder verdorben ist. (Das entspricht ein wenig dem Bewußtsein, daß alles, was man gern tut, illegal oder unmoralisch ist – oder dick macht.)

Kontrollverlust: Zuweilen gleichen Sie der Herzkönigin von Alice im Wunderland: Sie hören sich selbst „Kopf ab!" brüllen – und meinen damit den Cockerspaniel des Nachbarn.

Teilnahmslosigkeit: Sie gelangen zu dem Punkt, wo Sie sagen: „Wenn dir so viel daran gelegen ist, mach du doch sauber!"

Mangelndes Selbstvertrauen: „*Ich* werde es nie schaffen, dieses Haus sauber zu halten."

Hoffnungslosigkeit: „Ich werde es *nie* schaffen, dieses Haus sauber zu halten."

Mangelnde Ausstrahlung: „Ich werde es nie schaffen, dieses Haus *sauber* zu halten."

2   Die Begeisterung über den Sieg

Disziplin ist die Seele einer Armee. Selbst geringe Truppen-
stärke wird zu einem ernstzunehmenden Feind. Auch die
Schwachen haben Erfolgserlebnisse, und allen ist die Achtung
gewiß.

George Washington

Die Anonymen Messies wurden gegründet, und nun konnten
Messies sich gegenseitig unterstützen und trösten. Messies
führen ein einsames Leben. Kein Messie spricht über Haushaltsführung, zumindest nicht ernsthaft. Nur Cleanies[1] reden
über ihre unordentliche Wohnung. Die Wohnungen von Cleanies sind jedoch immer makellos sauber und aufgeräumt,
höchstens, daß vielleicht der Bettvorleger letzte Woche nicht
gereinigt wurde. Von wenigen Ausnahmen abgesehen, fühlen
sich Messies mit ihrem Problem allein. Unzählige Messies
glauben, daß nur sie so merkwürdige, unerklärliche Probleme
mit der Haushaltsführung haben – ich selbst dachte das auch
einmal.

Ich zitiere im folgenden einige Aussagen von Messies,
damit Sie sich vorstellen können, wie diese Menschen empfinden.

„Ich fühle mich nicht ganz so allein, seit ich weiß, daß ich nicht
der einzige Mensch bin, der dieses Problem hat."

Regina

---

[1] Der Begriff *Cleanie* ist von dem englischen Wort *clean* – sauber, reinlich
abgeleitet. Ein Cleanie ist also das Gegenteil von einem Messie. (Anmerkung der Übersetzerin)

„Als ich erfuhr, daß es noch andere wie mich gab, war meine erste Reaktion Erleichterung. Ich dachte immer, ich sei die einzige."

Betsy

Ich hätte vielleicht wissen können, daß andere das gleiche Problem mit Organisation haben wie ich, aber ich glaube, ich habe die Probleme, die ich bei anderen sah, ausgeblendet. Ich glaubte vermutlich, ihre Unordnung sei kurzfristig und oberflächlich. Meine dagegen war dauerhaft, das war mir klar, und sie erstreckte sich bis in die unterste Schublade der entferntesten Kommode.
Andere Messies waren nicht so blauäugig wie ich. Sie hatten andere Gründe für ihre Annahme, daß niemand ihr Problem verstehen könne.

„Ich fühlte mich verlegen, enttäuscht und beschämt. Ich wußte, daß ich nicht die einzige schlechte Hausfrau auf der Welt war. Aber ich dachte, daß die meisten anderen, die ich kannte, lediglich faul waren. Das war ich jedoch nicht. Ich schuftete von früh bis spät, und doch wurde mein Haus nicht sauber. Ich war so erleichtert, als ich entdeckte, daß andere das gleiche Problem hatten wie ich."

Martha

Bevor ich nun weiter über die Anonymen Messies berichte, möchte ich Ihnen schildern, wie ich meine Leidensgenossen entdeckt habe.
Messies, das wissen Sie jetzt, sind Menschen, die täglich mit der wichtigen Aufgabe kämpfen, die Basis zu schaffen, von der aus sie und ihre Familien leben und arbeiten – ihr Heim, oder genauer gesagt, ihre Wohnung, bzw. ihr Haus in Ordnung zu halten –, und an dieser Aufgabe scheitern. Sie sind jedoch nicht faul. Sie wissen nun auch, daß Messies keineswegs mit diesem Zustand zufrieden sind. Im großen und ganzen zeigen sie eine bemerkenswerte Stärke und auch Humor angesichts der Zerreißprobe, unter der sie ständig leben. In jedem Messie

schlummert eine latente Begeisterungsfähigkeit, die nur darauf wartet, durch einen Funken der Hoffnung entzündet zu werden.

Wenn Sie es nicht bereits erraten haben, sollen Sie jetzt wissen, daß ich selbst ein Messie bin. Dreiundzwanzig Jahre lang lebte ich mit denselben Enttäuschungserlebnissen wie meine Leidensgenossen. Dann entdeckte ich eine Methode, die funktionierte, die mir wirklich und wahrhaftig half. Meine Freude darüber war so groß, daß ich eine Kleinanzeige in eine Lokalzeitung setzte. Ich bot einen Kurs an, um andere mit dem Programm vertraut zu machen, das mir so geholfen hatte. Da ich Lehrerin bin, war das für mich eine ganz natürliche Sache. Weil ich Zweifel hegte, ob genügend Messies zu meinem Kurs erscheinen würden, bat ich einige Freundinnen, zu Beginn des Kurses da zu sein. Zu meiner Freude und Überraschung kamen auch zwölf Messies. Sie wollten das Geheimnis erfolgreicher Haushaltsführung kennenlernen.

So entstand die erste Gruppe der Anonymen Messies. Der Name spricht für sich. Das Wort *Messie* klingt ein bißchen witzig und zeigt, daß wir Sinn für Humor haben und unser Problem auf unterhaltsame Art angehen wollen. Die Bezeichnung *anonym* bringt zum Ausdruck, daß es sich um eine sehr persönliche Sache handelt, auch wenn wir unser Problem auf eine positive Art angehen wollen. Wir haben nicht unbedingt die Absicht, Leute ins Vertrauen zu ziehen, die uns womöglich nicht verstehen. Die beiden Begriffe zusammengenommen zeigen, daß wir uns als eine Gruppe von Menschen verstehen, die sich miteinander solidarisch erklären, um sich gegenseitig zu unterstützen und zu trösten. Wir haben ein konkretes Programm und einen Plan zur Veränderung.

Ich habe es mit anderen, positiver klingenden Bezeichnungen versucht. Aber offenbar sind Messies nicht daran interessiert, die Wahrheit zu verschleiern. Bezeichnungen wie *Glückliche Hausfrauen* oder *Haushaltsaktivisten* lockten niemanden aus der Reserve. Ganz anders *Anonyme Messies!* Diese Bezeichnung schlug wie eine Bombe ein. Messies, die eigentlich gar keine sein wollen, möchten die Sache beim Namen nennen. So blieb es also bei *Anonyme Messies (A.M.).*

Als sich die Nachricht von unserer Existenz verbreitete, erhielt ich Tausende von Briefen. Aus einigen dieser Briefe stammen die Zitate in diesem Buch.

Als Reaktion auf diese Hilferufe schrieb ich *The Messies Manual, The Procrastinator's Guide to Good Housekeeping* (Das Handbuch für Messies, Eine Anleitung zur guten Haushaltsführung für Zauderer). Dieses Handbuch ist obligatorische Lektüre für jeden änderungswilligen Messie. Es erläutert die Grundlagen des A.M.- Programms. Dazu gehört die Mount Vernon-Methode. Wie alle guten Ideen ist sie einfach und wirkungsvoll.

Diese Methode ist der erste Schritt zur Organisation Ihres Haushalts. Ein Cleanie, dem ich mich vor ein paar Jahren auf meiner verzweifelten Suche nach Hilfe anvertraute, berichtete mir, daß er anläßlich eines Besuches von Mount Vernon[2] so beeindruckt war von der guten Instandhaltung des Gebäudes, daß er mit der dortigen Hauswirtschaftsleiterin sprach. Er fragte die Frau nach ihrer Methode der Instandhaltung, die diese ihm bereitwillig erklärte. Das Reinigungspersonal wurde angewiesen, an der Eingangstür mit der Arbeit zu beginnen, um sich allmählich ins Innere des Gebäudes vorzuarbeiten. So reinigen sie die Gedenkstätte vom frühen Morgen an, bis sie für den Publikumsverkehr geöffnet wird. Kurz vor der Öffnungszeit werden die Putzutensilien eingesammelt, und das Reinigungspersonal verläßt das Haus. Am nächsten Tag fangen sie dort an, wo sie am Vortag aufgehört hatten, und arbeiten sich wieder von einem Zimmer zum anderen vor, bis es Zeit ist, das Gebäude zu verlassen.

Mount Vernon sauberzuhalten ist nicht so schwer. Dort ist nicht George, der alles wieder durcheinanderbringt. Diese Methode benutzen wir nicht zum Saubermachen. Wir bedienen uns ihrer in erster Linie als eine Methode zur Organisation.

---

[2] Nationale Gedenkstätte zu Ehren George Washingtons, 20 km südlich von Alexandria, Virginia, am Potomac River. (Anmerkung der Übersetzerin)

Vielleicht machen Sie nebenbei auch ein wenig sauber, aber konzentrieren Sie sich nicht auf diese Tätigkeit.

Wir beginnen im Eingangsbereich unseres Hauses oder unserer Wohnung, und zwar mit dem ersten Möbelstück, das Fächer oder Schubladen aufweist. Dann arbeiten wir uns langsam ins Innere des Hauses vor.

Sie werfen also alles Gerümpel fort, das sich in diesem ersten Möbelstück angesammelt hat. Legen Sie die Sachen in eine „Wegwerfkiste". Und machen Sie ernst. Behalten Sie nicht den Kugelschreiber, der kaum noch funktioniert, und den Kalender vom letzten Jahr, auch wenn so schöne Bilder darin sind. Ihre Befreiung vom Chaos ist wichtiger als diese Dinge.

Nehmen Sie das Risiko auf sich, daß Sie später einmal auf das zurückgreifen wollen, was Sie jetzt gerade ausrangieren. Vielleicht schmerzt es Sie, sich von bestimmten Sachen trennen zu müssen. Doch denken Sie daran, daß es auch eine Belastung für Sie ist, diese Dinge zu behalten. Sie wegzuwerfen, ist ein nur geringer Schmerz, verglichen mit der Belastung, die entsteht, wenn wir hilflos all dem Gerümpel ausgeliefert sind, mit dem wir im Laufe der Zeit unsere Schränke vollgestopft haben. Es stellt sich ein Gefühl der Befreiung ein, wenn wir einmal die Entscheidung getroffen haben, die Kontrolle über unseren Haushalt zu übernehmen, und tatsächlich beginnen, Dinge fortzuwerfen.

Verschwenden Sie zu diesem Zeitpunkt keinen Gedanken an das Überstreichen von Wänden oder die Reinigung von Vorhängen oder Polstermöbeln. Jetzt ist erst einmal Organisation angesagt. Stellen Sie neben Ihre „Wegwerfkiste" noch einen Karton für die Dinge, die Sie weggeben wollen, und einen für die Sachen, die anderswo untergebracht werden sollen.

Wenn Sie meinen, daß Sie für diesen Tag genug geschafft haben, hören Sie auf, machen Sie am nächsten Tag weiter.

Übertreiben Sie nicht. Dies ist ein Marathon, kein Sprint. Arbeiten Sie nicht bis zur Erschöpfung, sondern in dem Tempo, das Ihnen gemäß ist. Nehmen Sie sich jede Woche einen Tag frei, so daß sie eine Unterbrechung haben, auf die

Sie sich freuen können. Gönnen Sie sich eine Belohnung, wenn Sie eine große Hürde gemeistert haben.

Erstellen Sie eine Liste von Vorhaben, die Sie jeden Tag erledigen wollen. Vielleicht stehen drei bis sieben Punkte auf Ihrer Liste. Erledigen Sie diese Dinge, bevor sie nach der Mount Vernon-Methode arbeiten.

Sie werden die Kontrolle über Ihren Haushalt übernehmen, bevor Sie sich dessen überhaupt bewußt sind. Welch ein Gefühl der Erleichterung!

Diese Methode lehrte ich in meinem ersten Kurs. Sie ist zur grundlegenden Praxis der Anonymen Messies geworden, die ihren Haushalt in den Griff bekommen wollen.

Die Organisation weitete sich aus, und ich hielt Seminare im ganzen Land und machte unzählige begeisterte Messies mit dieser Methode bekannt. Doch die Leute, die an meinen Seminaren teilnahmen, waren sozusagen nur die Spitze des Eisbergs. Es gab noch viel mehr Messies, die Hilfe und Unterstützung brauchten. So machten die Anonymen Messies es sich zur Aufgabe, herauszufinden, wie man diese Menschen erreichen und ihnen helfen könnte, und zwar so, daß ihnen gründlich und dauerhaft geholfen wäre.

Und wir hatten Erfolg. Die Frauen, die an den Seminaren teilnahmen, waren danach ebenso in der Lage, ihr Leben zu ändern, wie die, die zu Hause das Handbuch lasen. Sie merkten zum ersten Mal, daß da Menschen waren, die die tieferliegenden Gründe für ihr Verhalten verstanden, und daß es Hilfe und Hoffnung gab.

Diese Frauen wurden von einer ebensolchen Begeisterung wie ich selbst erfaßt, und sie hatten das Bedürfnis, mir ihre Freude mitzuteilen. Ich erhielt eine wahre Flut von Briefen.

„Auch ich habe mit der Mount Vernon-Methode angefangen. Gerade habe ich das Wohn- und Eßzimmer in Angriff genommen und verpasse auch gleich den Wänden einen helleren und freundlicheren Anstrich. Dies wurde zwar nicht von Ihnen empfohlen, aber diese äußere Verschönerung erhöht meine Energie und Begeisterung.

Ich bin noch nicht am Ziel, aber ich komme ihm immer näher, und das löst eine große Freude aus. Manchmal schließe ich die Augen und stelle mir vor, wie meine Wohnung einmal aussehen wird — ein wunderbares Gefühl.

Ich bin bereit, der Welt ins Auge zu sehen, oder doch zumindest guten Freunden — und bald auch dem Rest der Welt."

Lynn

„Ich habe wieder Achtung vor mir selbst, und auch mein Selbstvertrauen ist gestärkt. Meine Schwiegertochter kam heute morgen um 7.15 Uhr unerwartet vorbei, und alles war sauber und ordentlich. Ein herrliches Gefühl! Ich habe erst vor einem Monat mit Ihrer Methode begonnen, und alles, was noch aufzuräumen bleibt, ist ein Regal im Flur und eines in der Speisekammer.

Meine Familie ist begeistert. Ich bin der ‚Star' in meinem eigenen Haus, und die anderen erledigen ihren Anteil am Saubermachen mit großem Eifer.

Ich war an dem Punkt angelangt, wo ich niemanden mehr einlud. Wenn jemand an meine Tür klopfte, blockierte ich den Eingang mit meinem Körper, so daß der andere nicht ins Innere des Hauses sehen konnte.

In der letzten Feriensaison war nie ich es, die Freunde zum Essen einlud, weil die Säuberungsaktion davor einen zu großen Aufwand bedeutet hätte. Das wird im nächsten Jahr anders sein. Ich bin ein ganz neuer Mensch geworden."

Pat

„Ihr Handbuch für Messies war eine wunderbare Entdeckung. Ich arbeite seit einem halben Jahr damit. Aufgrund Ihrer Anleitung habe ich die äußere Erscheinung und die Organisation meines Haushalts enorm verbessert."

Alice

3   Neue Rekruten:
nicht einberufen, sondern freiwillig

Es genügt nicht, zu kämpfen. Entscheidend ist der Kampfgeist. Es ist die Kampfmoral, die den Sieg erringt.

George Catlett Marshall

Die Bereitschaft, die volle Verantwortung für den Zustand unseres Haushalts zu übernehmen, erfordert Mut. Es ist viel einfacher, darauf zu bestehen, daß wir Opfer irgendwelcher äußeren Umstände sind. Die Tatsache, daß wir nicht von Natur aus gute Hausfrauen sind, daß unsere Häuser zu groß oder zu klein sind, daß wir eine Antriebsschwäche haben, daß wir einer Berufstätigkeit nachgehen oder daß wir mit Chaoten zusammenleben, soll uns nicht daran hindern, in unserem Traumhaus zu leben. Der jetzige Zustand unseres Hauses besteht, weil wir es so zugelassen haben.

Sie und ich sind unendlich wertvoll. Wir sind wunderbare Menschen mit Würde. Tief in unserem Herzen wissen wir das. Wüßten wir es nicht, würden wir nicht solche Anstrengungen unternehmen, um etwas Hervorragendes zu leisten. Und wir können etwas leisten! Wir alle sind in vieler Hinsicht erfolgreich. Unser Erfolg hängt jedoch in einem hohen Maße davon ab, was wir darunter verstehen.

Ich möchte Ihnen die Geschichten von zwei Frauen erzählen, von denen jede auf ihre Weise nach Erfolg strebt.

Beth ist ein Messie; ihr Wertgefühl leitet sich davon ab, was sie für ihre Umgebung bedeutet. Sie sammelt Erinnerungsstücke, da sie glaubt, es sei ihre Aufgabe, die Vergangenheit zu bewahren. Sie ist intelligent. Stapel von Büchern, Zeitungen und Zeitschriften in ihrem Wohnzimmer bezeugen ihre vielseitigen Interessen. Ihre Hobbymaterialien, die überall verstreut herumliegen, beweisen, daß sie kreativ ist. Die liegengebliebenen Werkzeuge zeigen, daß sie geschickt und sparsam ist. Sie hat keine Zeit, um zu Hause zu bleiben und ihre Hausarbeit zu erledigen, da sie sich freiwillig für alle möglichen Aktivitäten und Projekte gemeldet hat. Zu Hause spielt sie dann mit den Kindern oder hilft ihnen bei den Hausaufgaben — und das sieht man ihrer Wohnung an, wenn Sie wissen, was ich meine.

Hier haben wir eine erfolgreiche Frau. Beth ist intellektuell, sparsam und geht großzügig mit ihrer Zeit und Energie um. Sie ist sich ihrer Vergangenheit und Herkunft bewußt, und sie ist eine liebevolle Mutter, die sich ihren Kindern zuwendet. Sie ist kreativ. Sie benutzt ihre Kreativität, um zu beweisen, daß sie ein wertvoller Mensch ist. Das kann jeder, der ihr Haus betritt, auf den ersten Blick sehen.

„Komm nur herein! Entschuldige das Durcheinander! Ich habe den ganzen Vormittag getöpfert", sagt Beth und lenkt damit oft noch die Aufmerksamkeit des Besuchers auf das Durcheinander, fast ist sie stolz darauf. Mal hat sie eingekocht, an einem anderen Tag gemalt, aber immer lebt sie im Chaos.

Wehe, wenn Beth eine Grundschullehrerin oder Pfadfinderführerin wird oder beschließt, in der Sonntagsschule zu unterrichten. Sie nimmt jedes Projekt mit Elan in Angriff. Diagramme, Liedblätter, Plakate, Flanellbilder und alle Art von Bastelmaterialien für ein eventuelles zukünftiges Projekt würden den gesamten Abstellraum einnehmen, vielleicht noch den Schlafzimmerboden bedecken oder gar auf dem Bett liegen, und jeden Abend vor dem Schlafengehen auf den Boden befördert werden. (Als Messie weiß ich, daß ich keine Grundschullehrerin sein kann. Ich habe es versucht und gemerkt, daß hier weit mehr Organisation gefordert ist, als ich bewältigen kann. Für mich ist das, als würde ein Alkoholiker versuchen, Barkeeper zu werden. Manche Messies können mit großem Kraft- und Zeitaufwand solchen Tätigkeiten nachgehen. Ich fand, daß es einfacher sei, nach Alternativen zu suchen.)

Weil sie so viele Fähigkeiten hat, glaubt Beth, sie sei erfolgreich. Aber Beths Angehörige sehen das nicht so, sie hassen das Chaos, in dem sie leben müssen. Das lassen sie Beth auch deutlich spüren. Die Kinder schämen sich, ihre Freunde mit nach Hause zu bringen. Aber auch Beth selbst fühlt sich nicht wohl in all dem Durcheinander. Selbst sie versteht nicht, weshalb sie das nicht ändert. Sie sagt sich oft, daß das Haus ja eigentlich gar nicht so wichtig ist, und doch leidet sie an diesem chaotischen Zustand. Aber sie ändert sich nicht, denn dieses Chaos ist der, wenn auch noch so klägliche, Beweis dafür, daß sie ein wichtiger und wertvoller Mensch ist. So wird sie also weiterhin all ihren Aktivitäten nachgehen, um zu zeigen, wie wertvoll sie ist. Hätte sie ein stärkeres Selbstwertgefühl, würde sie nicht dauernd anderen und sich selbst ihren Wert beweisen müssen. Tatsächlich ist es aber so, daß sie in ihrem ständigen Bestreben, ihren Wert zu beweisen, ihre Würde verloren hat.

Wie sehr ich Beth gleiche, entdeckte ich, als ich an einem Kurs für Ölmalerei teilnahm. Ich merkte, daß ich stolz auf mich war, wenn ich meinen Kittel mit Farbe bekleckert hatte. Ich war eine Malerin! Nach einem Schultag als Lehrerin ist mein Rock mit gelber Kreide verschmiert und die Hände mit blauer Tinte vom Overheadprojektor. Das macht mir nichts aus. Ich bin eben eine Lehrerin. Diese Schmutzflecken zeigen, daß ich etwas Besonderes bin.

Auch Karen ist eine erfolgreiche Frau. Sie ist sich ihrer Würde bewußt und hat das Gefühl, daß ihr Selbstwert leidet, wenn diese Würde bedroht ist. Sie glaubt, daß ihre Wohnung ihren inneren Wert widerspiegelt. Sie überlegt, wie sie ihr Haus so verschönern und in Ordnung halten kann, daß es ein positives Zeugnis für sie als Mensch ist. Für sie ist das Haus nicht nur ein Ort, in dem sie etwas tut. Das Haus ist ein Ausdruck ihrer Persönlichkeit. Woher bezieht sie dieses Bewußtsein?

Wir sind alle nach Gottes Ebenbild geschaffen. Gott ist ein Gott der Ordnung und Schönheit. Für Karen haben Schönheit und Ordnung eine starke Anziehungskraft, ob sie nun an Gott glaubt oder nicht. Er hat uns so geschaffen, daß wir inneren Frieden verspüren, wenn um uns herum Ordnung herrscht, und Frustration, wenn wir keine Kontrolle über unser Leben haben. Karen ist vielleicht nicht in so viele Aktivitäten wie Beth verwickelt, weil sie erkennt, daß sie nicht all das tun und gleichzeitig ihre Art zu leben aufrechterhalten kann. Karen glaubt auch nicht, daß übermäßige Aktivität notwendig oder wünschenswert ist. Sie muß ihren Wert nicht durch Produkte oder Tätigkeiten beweisen. Das, was sie zusätzlich in Angriff nimmt, bewältigt sie so wie ihren Haushalt – methodisch und bewußt.

Beth und Karen sind beide in der Weise erfolgreich, wie es ihren Prioritäten entspricht. Beth legt großen Wert auf Kreativität, Karen auf Schönheit und Ordnung. Aber Beths Erfolg ist unbefriedigend. Ihre Familie ist frustriert. Vorausgesetzt, Karen fällt nicht ins andere Extrem und wird eine Ordnungsfanatikerin, werden sie und ihre Familie eine tragfähige Grundlage haben, von der aus sie den Aufgaben nachgehen können, die für sie wichtig sind.

Beth hat sich für eine bestimmte Lebensweise entschieden, und sie ist jetzt mit den Folgen konfrontiert. Diese Art zu leben machte sie unglücklich. Damit hatte sie nicht gerechnet. Tausende von Briefen, die ich erhielt, schildern die Probleme, die eine solche Lebensweise mit sich bringt.

Aber die Beths dieser Welt versuchen weiterhin fröhlich, mit ihrem Messie-Lebensstil über die Runden zu kommen. Viele wollen sich nicht ändern, denn Veränderung tut weh. Sie sind bereit, den letzten Rest von Würde zu verlieren, um durch ihre zweifelhafte Lebensweise ihr Selbstwertgefühl zu stärken. Aber ohne ein Bewußtsein für unsere Würde gibt es kein echtes Selbstwertgefühl.

Erst, wenn es schmerzlicher wird, in einem chaotischen Haus zu leben, als sich zu ändern, ist Erfolg in Sicht. Aber erst dann.

Ich will Ihnen die Geschichte eines Messie erzählen, wie sie mir der Sohn berichtet hat, den wir hier Roy nennen.

„Jahrelang hat meine Mutter Dinge gesammelt, entweder, weil sie an ihnen hing oder weil sie sie vielleicht eines Tages brauchen würde. Die ganze Familie hat auf vielerlei Weise immer wieder versucht, sie dazu zu bringen, sich zumindest teilweise von dem Zeug zu trennen, das sie aufbewahrt hatte. Als wir jünger waren, schämten wir uns, Freunde mit nach Hause zu bringen, und wir hatten selten Besuch. Meine Mutter wußte, daß unser Haus in einem chaotischen Zustand war, und es war ihr sehr peinlich.

Mit der Zeit verfiel sie in Depressionen und verlor fast gänzlich ihr Selbstwertgefühl. Sie hat auch aufgrund ihrer Denkstruktur und der Methoden, die wir anwandten, um sie zur Änderung ihres Verhaltens zu bewegen, viele sehr schmerzliche Erfahrungen gemacht. Ich glaube nicht, daß wir sie jemals bewußt verletzen wollten. Wir wollten ihr ja nur helfen. Aber Mutters Selbstbild war so tiefgreifend gestört und sie war so in ihren Lebensgewohnheiten gefangen, daß ich alle Hoffnung aufgegeben hatte. Ich dachte allen Ernstes, sie würde wohl aufgrund ihrer inneren Spannungen und ihrer extrem geringen Selbstachtung entweder früh sterben oder den Verstand verlieren.

Sie haben ein genaues Bild meiner Mutter gezeichnet. Sie ist in gewisser Hinsicht eine Perfektionistin. So unternimmt sie große Anstrengungen, um ihr Haus ‚keimfrei' zu halten. Auf der anderen Seite nehmen Stapel von Zeitungen, Papieren und potentiell ‚nützlichen' Dingen soviel Raum ein, daß sie die meisten Regale und Schränke gar nicht mehr anderweitig nutzen kann."

Roys Mutter verlor nicht in erster Linie aufgrund ihrer geringen Selbstachtung die Kontrolle über ihr Leben. Zuerst schien sich alles positiv zu entwickeln. Sie bezog aus ihrer gehetzten, sammelwütigen und kreativen Lebensweise Befriedigung, Vergnügen und ein Gefühl für ihren persönlichen Wert. Doch bald wurden sie und ihre Familie unzufrieden. Ihr Leben begann ihr allmählich zu entgleiten. Um nun die Befriedigung und die Selbstachtung, die wir alle brauchen, wiederzugewinnen, griff sie auf frühere Verhaltensmuster zurück – es wurde noch mehr gesammelt und sich in weitere Aktivitäten gestürzt. Im Verlauf ihres ungeordneten und chaotischen Lebens verlor sie allmählich auch ihre Würde. Als es soweit war, konnte ihr niemand helfen.

Vielleicht erkennen Sie in der Geschichte von Roys Mutter sich selbst wieder, auch wenn es bei Ihnen vielleicht nicht so drastisch ist. Das geht uns allen so. Wenn wir unseren persönlichen Wert in Dingen außerhalb von uns selbst festmachen, verlieren wir das Gefühl für unsere Würde. Aber wir können gewisse Schritte tun, um dieses verlorengegangene Bewußtsein für unsere Würde wiederzuerlangen.

4 Grundausbildung:
Schritte zur Wiedererlangung der Würde

Würde: wert, geehrt oder geachtet sein.

Wenn ein Mensch seine Würde verliert, ist das selten das Ergebnis eines umwälzenden Ereignisses. Es gibt natürlich traumatische Erlebnisse, die einen zeitweiligen Verlust der Würde nach sich ziehen. Doch ein echtes Bewußtsein für die eigene Würde und den persönlichen Wert braucht Monate oder Jahre, um langsam abzubröckeln. Bodenerosion entsteht, wenn alle Bäume und Pflanzen entfernt werden, die nötig sind, um das Erdreich zu schützen. Zunächst vielleicht unmerklich, aber nach ein oder zwei Jahren ohne Schutz wird der Mutterboden völlig ausgewaschen sein, die Erde wird unansehnlich und kann kein Wachstum mehr hervorbringen. Würde ist wie die Erde – wenn wir sie nicht schützen, wird sie erodieren, vom Regen fortgespült werden. Sie versteckt sich im Chaos und verliert sich im Wirrwarr.

Wir können jedoch Schritte tun, um unsere Würde wieder freizulegen und sicherzustellen. Der Schlüssel liegt in unserem Umgang mit uns selbst. Wir können wieder Bäume pflanzen, die uns in den kommenden Jahren Schatten spenden und Nahrung schenken. Wir können Blumen und andere Pflanzen anbauen, die uns mit ihrer Schönheit erfreuen und uns ein Gefühl der Zufriedenheit geben. Wir können lernen, die Erde wieder fruchtbar zu machen, die verlorengegangenen Nährstoffe zu ersetzen und ihr, wenn nötig, auch eine Ruhezeit zu gönnen. Wenn wir so beginnen, unsere Würde zu hegen und zu pflegen, werden auch andere sie wieder achten. Nicht nur das, sie werden sich mit uns darüber freuen.

Kleiden Sie sich mit Würde

Ein würdevoller Mensch kleidet sich mit Würde

Wenn wir häufig nachlässig oder gar schlampig gekleidet sind, haben wir vermutlich eine geringe Meinung von uns selbst. Aber unsere Kleidung können wir leicht kontrollieren. Ich wundere mich manchmal selbst über das, was ich anziehe. Ich muß mich dann immer wieder daran erinnern, daß ich es eigentlich besser machen wollte. Die Unterwäsche mit ausgeleiertem Gummizug, die man „gerade noch" unter Strumpfhosen tragen kann, habe ich nur deshalb weggeworfen, weil ich versuche, einen anderen Lebensstil zu entwikkeln, der meiner Würde gemäß ist. Ich zwang mich, die langweiligen Kittelschürzen loszuwerden, die ja eigentlich zu Hause ganz „praktisch" sind. *Strumpfhosen mit Rissen und Laufmaschen kann ich noch unter Freizeithosen tragen,* sagte ich mir. Unsinn! Bin ich es denn nicht wert, gute Unterwäsche und Strumpfhosen ohne Laufmaschen zu tragen? Aber sicher! Deshalb habe ich das alte Zeug weggeworfen. Unter meiner schönen Kleidung trage ich auch anständige Unterwäsche. Und nicht etwa nur, weil ich einmal einen Unfall haben könnte, wie meine Großmutter befürchtete. Ich trage gute Unterwäsche *um meiner selbst willen.* Ein Mensch mit Würde trägt gute Unterwäsche. Es ist etwas ganz Persönliches, das wir *für uns selbst tun.*

Unnötig zu sagen, daß das gleiche auch für die äußeren Kleidungsstücke gilt. Wer Probleme mit seiner Selbstachtung hat, muß sich bemühen, seine äußere Erscheinung zu verbessern. Auch die Haare sollten nicht stumpf und strähnig herunterhängen.

Messies fällt es oft schwer zu begreifen, wie wichtig das ist. Für uns sind Ideen und Ideale wichtig. Womit wir unseren Körper bekleiden, spielt keine so große Rolle. Weil wir in diesem Punkt zur Nachlässigkeit neigen, müssen wir unserer Kleidung ganz besondere Aufmerksamkeit widmen. Das ist der erste

Schritt auf unserer Suche nach Würde. Für andere wird es das erste Zeichen sein, daß eine Veränderung in unserem Leben begonnen hat.

Eine Frau mit Würde trägt saubere, geschmackvolle und ordentliche Kleidung. Also keine Hosen mit ausgeleierten Gummis, keine Strumpfhosen mit Laufmaschen, keine zerrissene Wäsche. Sie hat hohe Maßstäbe für ihre Kleidung, selbst dort, wo man es nicht sieht.

Mit Würde sprechen

Ein würdevoller Mensch spricht mit Würde

Kürzlich nahm ich an der Zusammenkunft eines kleinen Komitees teil. Der Vorsitzende war ein Mann, der Würde ausstrahlte. Er leitete die Gruppe im Grunde durch seine Art zu reden. Nun war er auch noch Brite und sprach mit einem eleganten britischen Akzent. Das allein hätte jedoch nicht genügt, um sich Respekt zu verschaffen. Er wählte seine Worte sorgfältig und sprach langsamer als die meisten anderen Redner. Das entscheidende jedoch war, daß er sich langsam vorlehnte und seinen Zuhörern direkt in die Augen sah, wenn er etwas Wichtiges mitzuteilen hatte. Das alles wirkte ganz natürlich, aber sehr eindrucksvoll.

Ich würde sagen, daß die meisten Mitglieder dieser Gruppe eine ähnliche Redeweise hatten. (Es waren zumeist Männer, die in ihren jeweiligen Berufen Führungspositionen bekleideten.) Wenn sie sprachen, erwarteten sie, daß man ihnen zuhörte, daher mußten sie nicht besonders laut oder schnell sprechen. Kurz, sie sprachen mit Selbstvertrauen. Wie anders geht es in vielen Frauengruppen zu, wo aufgeregt herumgeschnattert wird. Untersuchungen haben gezeigt, daß Frauen viel häufiger unterbrochen werden als Männer. Wir haben das Gefühl, wir müßten lauter und schneller sprechen, um überhaupt wahrgenommen zu werden.

Ein würdevolles Sprechen hat zwei Seiten. Wenn wir uns selbstbewußt fühlen und unser Leben unter Kontrolle haben, wird das auch in unserer Redeweise deutlich. Es funktioniert aber auch andersherum. Wenn wir von unserer Sache überzeugt sind, unsere Worte bewußt wählen und nicht mit erhobener Stimme möglichst schnell reden, werden unsere Mitmenschen uns respektieren. Das wiederum wird in uns das Bewußtsein für unseren Wert und unsere Würde stärken.

In einem ihrer Kriminalromane beschreibt Agatha Christie eine solche Redeweise. „Dr. Nicholson war ein großer Mann, an dessen Art zu sprechen eine starke innere Kraft deutlich wurde. Er redete langsam, ja, er sagte eigentlich überhaupt nicht viel, aber es gelang ihm irgendwie, jedes seiner Worte bedeutsam klingen zu lassen. Er trug starke Brillengläser, hinter denen seine strahlend blauen Augen nachdenklich blickten." (*Why Didn't They Ask Evans?* – Warum haben sie Evans nicht gefragt?)

Menschen mit Selbstachtung bringen häufiger ihre persönlichen Gefühle zum Ausdruck. Sie sind auch höflicher, da sie ihre Zuhörer für wertvoll und wichtig halten und sie daher gemäß ihrer Würde behandeln. Statt um einen Gefallen zu bitten („Reichst du mir das Telefon rüber?"), drücken selbstbewußte Menschen eher ihre Gefühle aus („Ich würde jetzt gerne telefonieren."). Das ist die Sprache, die Autorität vermittelt. Sie führt auch schneller zum Erfolg. Die Feststellung Ihres Wunsches hat viel mehr Gewicht, als die Bitte um einen Gefallen.

Um das zu verdeutlichen, schildere ich Ihnen einmal ein Beispiel aus der eben erwähnten Zusammenkunft. Als die Arbeit des Komitees an einem Punkt unnötig verzögert wurde, lehnte sich der Vorsitzende vor, blickte den anderen offen ins Gesicht und sagte mit ruhiger Stimme: „Ich glaube, ich muß Ihnen mitteilen, daß ich sehr ungeduldig werde, wenn wir weiterhin Dinge verhandeln, die wir schon längst abgeschlossen hatten." Ich war über die Wirkung seiner Worte verblüfft. Man wandte sich sofort den weiteren Punkten der Tagesordnung zu.

Die meisten von uns hätten gesagt: „Wenn wir so lange an diesem Punkt herumdiskutieren, werden wir nie fertig", oder: „Wenn wir so weitermachen, werden wir das ganze Thema zerreden." Aber dieser Mann war sich seiner Sache sicher. Seine Gefühle waren im Interesse der Gruppe, und deshalb sprach er sie offen aus.

Messies sind oft allzu freundlich, nachgiebig und offen. So wie es nicht ratsam ist, übermäßig nachlässig gekleidet zu sein, um Geld zu sparen, werden Menschen wenig Achtung vor uns haben, wenn wir zu entgegenkommend und anpassungsfähig sind. Hier kann eine veränderte Redeweise hilfreich sein. Bringen Sie Ihre Gefühle klar und sachlich zum Ausdruck. Sie sind ein wertvoller Mensch. Ihre Gedanken und Gefühle sind von Bedeutung.

Menschen mit Würde sprechen positiv über sich selbst. Sie geben durchaus ihre Schwächen zu, die wir ja alle haben, aber sie reden nicht abfällig über sich.

Ich spreche hier nicht von Prahlerei. Prahlen ist unangenehm und würdelos. Vielleicht merken Sie, was ich meine, wenn Sie einmal Leute beobachten, die Sie bewundern. Achten Sie einmal darauf, ob diese Menschen *dort, wo es angemessen ist,* ganz offen über ihre Stärken und Erfolge sprechen. Das sollten auch Sie tun.

Wenn Sie eine ausgezeichnete Schneiderin sind, und jemand fragt Sie, ob sie nähen können, sagen Sie das auch. Sagen Sie lächelnd: „Ja, ich kann sehr gut nähen", und nicht etwa: „Ja, hin und wieder nähe ich ein bißchen."

Nicht zuletzt wird man Sie achten, wenn Sie wirklich etwas zu sagen haben. Da Messies auf Ideen und Gedanken Wert legen, sind sie in der Regel eifrige Leser. Ob wir nun die örtliche Tageszeitung oder eine überregionale Wochenzeitung lesen — wir sind zumeist mit dem aktuellen Weltgeschehen vertraut. Daher können wir in den meisten Gesprächen gut mithalten. Wenn wir uns so auf dem laufenden halten, werden wir zu interessanten Leuten. Das ist unser Vorteil. Wenn Sie den Eindruck haben, daß Sie geistig ein wenig träge geworden sind und neue Anregungen brauchen, belegen Sie doch einen Kurs in der Volkshochschule oder machen Sie zu Hause einen Fernkurs. Untersuchungen zeigen, daß Leute mit einem großen Wortschatz erfolgreicher sind als jene, denen nur ein geringes Vokabular zur Verfügung steht. Wenn Sie sich auf diesem Gebiet weiterbilden möchten, gibt es auch Bücher über Wortschatzerweiterung. Ist die intellektuelle Stimulation, die Sie brauchen, um Ihre Selbstachtung aufzubauen und das Bewußtsein für Ihre Würde zu stärken, in den Anforderungen des täglichen Lebens untergegangen? Wenn Sie Ihre verlorengegangene Würde wiedererlangen wollen, dürfen Sie die Entwicklung Ihrer Persönlichkeit nicht vernachlässigen.

Hier ist jedoch eine Warnung angebracht. Nehmen Sie sich nichts vor, was allzu zeitaufwendig ist und Ihre gehetzte Lebensweise verstärkt, die Sie schon jetzt eines Großteils Ihrer Würde beraubt. Versuchen Sie erst, Ihr Leben in den Griff zu bekommen, bevor Sie sich einer größeren Sache verpflichten.

Und noch etwas ist wichtig: Interessant sein allein genügt nicht, auch wenn der richtige Tonfall getroffen oder Augenkontakt hergestellt ist. Sie müssen etwas Wertvolles und Wichtiges zu sagen haben. Die Menschen werden hören wollen, was Sie zu sagen haben, wenn Sie über das reden, was sie bewegt – über Informationen, die sie benötigen, Lösungsmöglichkeiten für ihre Probleme – oder wenn Sie ihnen das Gefühl vermitteln, verstanden zu werden. Wenn Sie bloß Klischees nachplappern oder oberflächlich über ungelöste Probleme reden, werden Ihre Mitmenschen nicht viel von Ihnen halten. Sie merken dann, daß Sie diese Probleme eigentlich gar nicht durchdacht haben. Wir brauchen Tiefgang in unserem Reden.

Ich sage damit nicht, daß wir unsere Persönlichkeit ändern sollen, etwa steif und förmlich über dicke Brillengläser blicken und tiefsinnige Worte von uns geben. Viele von uns sind schwungvoll, übersprudelnd und zu Späßen aufgelegt. Das ist wunderbar! Wenn Sie so sind, bleiben Sie so. Vielleicht haben Sie einen feinen Sinn für Humor, der sich in allen Lebensbereichen bemerkbar macht. Sie können ihn nicht unterdrücken. Das sollen Sie auch gar nicht! Freuen Sie sich über diese Gabe. Ich möchte Sie und mich nur daran erinnern, daß wir einen wichtigen Gesichtspunkt aus dem Auge verlieren, wenn wir nur an Spaß, Humor und Freundlichkeit interessiert sind, nämlich uns selbst ernst zu nehmen und darüber nachzudenken, wie wir unsere Würde erlangen können. Das wird sich in unserem Haus oder unserer Wohnung widerspiegeln. Menschen mit Würde leben nicht im Chaos. Sie umgeben sich mit Ordnung und Schönheit.

Wenn Sie deprimiert sind und Ihre Niedergeschlagenheit sich auf den Zustand Ihres Hauses auswirkt (oder wenn das unordentliche Haus die Depression hervorruft), ist jetzt eine gute Gelegenheit, an ein oder zwei Punkten ein würdevolles

Leben zu beginnen. Vielleicht fangen Sie an, in Ihrer Familie oder am Telefon selbstbewußter zu reden. Vielleicht sprechen Sie einmal offen und sachlich über Ihre Bedürfnisse. Vielleicht lassen Sie sich auch nur einen neuen Haarschnitt verpassen oder kaufen sich neue Unterwäsche. Was es auch ist, es geschieht um Ihrer selbst willen, weil Sie ein wertvoller Mensch sind.

Ein Mensch, der sich seines Wertes bewußt ist, redet selbstbewußt und höflich. Er bringt seine Gedanken und Gefühle klar zum Ausdruck, ohne sich dafür zu entschuldigen.

Mit Würde handeln

Ein würdevoller Mensch handelt mit Würde

Wir alle werden von Zeit zu Zeit von Selbstzweifeln geplagt. Dann ist es wichtig, uns an das zu erinnern, was unserer Selbstachtung Auftrieb verleiht. Es ist immer gut, sich an Menschen zu halten, die uns schätzen. Selbst wenn Sie sich gerade nicht in einer Phase des Selbstzweifels befinden, brauchen Sie einen Freund, einen Bekannten oder Arbeitskollegen, der viel von Ihnen hält und Ihnen das auch regelmäßig und in einer guten Art und Weise zu verstehen gibt. Diese Rolle übernehmen in der Regel die Mitglieder unserer Familie, doch vielleicht glauben wir ihnen manchmal nicht so recht, weil wir sie für voreingenommen halten. Ich habe die Erfahrung gemacht, daß die objektivere Meinung eines Außenstehenden gerade in Krisensituationen oft glaubwürdiger erscheint. Die tagtägliche Bestätigung und Wertschätzung, die wir in unserer Familie erfahren, kann jedoch durch nichts ersetzt werden. Für manche tragen auch Hunde und andere Haustiere, von denen sie sich geliebt und bewundert wissen, zur Förderung ihrer Selbstachtung bei.

Die Grundlage für unsere Selbstachtung liegt jedoch in dem Wissen, daß Gott uns wertschätzt. David war von diesem Bewußtsein überwältigt. In Psalm 8, 4 - 6 drückt er das auf eine wunderbare Weise aus: „Seh ich den Himmel, das Werk deiner Finger, Mond und Sterne, die du befestigst: Was ist der Mensch, daß du an ihn denkst, des Menschen Kind, daß du dich seiner annimmst? Du hast ihn nur wenig geringer gemacht als Gott, hast ihn mit Herrlichkeit und Ehre gekrönt." Entscheidend ist, daß wir uns dieses Bewußtsein für unsere Würde erhalten. (Im neunten Kapitel werde ich ausführlicher darauf eingehen.)

Ein Mensch mit Würde läßt sich nicht von anderen herabsetzen. So wie er weiß, daß es nicht recht ist, andere zu demütigen, weil sie nach dem Bild Gottes geschaffen sind und

Achtung verdienen, läßt er auch nicht zu, daß andere ihn so behandeln. Wie können wir also vermeiden, daß wir unverschämt und respektlos behandelt werden?

Der erste Schritt ist, daß wir den Menschen aus dem Weg gehen, die nicht so einsichtig sind, uns anständig zu behandeln. Wenn Sie so jemanden kennen, pflegen Sie möglichst wenig Kontakt mit ihm. Gehen Sie dieser Person nicht aus dem Weg, weil Sie sich über sie ärgern. Halten Sie sich aus demselben vernünftigen Grund von diesem Menschen fern, wie Sie Ihre Hand von einer heißen Herdplatte fernhalten. Es macht einfach keinen Sinn, eine unbefriedigende Sache weiterzuführen.

Viele Messies tun sich dabei sehr schwer, weil sie in der Regel offen und freundlich sind. Wie die Motten vom Licht angezogen werden, kommen wir immer wieder auf diesen unverschämten Menschen zurück, weil wir davon ausgehen, daß wir das Verhältnis zu ihm schon irgendwie in Ordnung bringen. Wir glauben, daß, wenn wir nur nett oder freundlich genug sind, schlagfertige oder bissige Antworten parat haben, wir schon irgendwie eine Veränderung in dieser Person bewirken, so daß wir von ihr in Zukunft anständig behandelt werden. Nach meiner Erfahrung ist das nur selten der Fall. Wer so uneinsichtig ist, mich schlecht zu behandeln, kommt kaum zu der Einsicht, daß er sein Verhalten ändern solle.

Manchmal können wir solchen Menschen nicht ganz und gar aus dem Weg gehen, weil sie unsere Arbeitskollegen oder Mitglieder unserer Familie sind. In diesem Fall müssen wir einen anderen Weg einschlagen, um die Situation zu verbessern. Denn das müssen wir unbedingt tun. Wir verdienen es nicht, ständig von einem anderen Menschen gedemütigt zu werden.

Zunächst müssen wir die Herabsetzung als solche erkennen. Häufig geschieht Demütigung subtil oder wird gar in Humor gekleidet. Stellen Sie sich der Tatsache, daß Sie gedemütigt werden, und fassen Sie den Entschluß, daß das nicht so weitergehen soll. Und es wird aufhören. Wir werden eine Veränderung herbeiführen, sei es durch Humor, sei es, daß wir mit der betreffenden Person ein sachliches und offenes Gespräch führen, daß wir uns in eine andere Abteilung versetzen lassen, mit unserem Chef darüber reden oder gar einen Durchbruch zu einer neuen Freundschaft schaffen. Wie wäre es, wenn wir diese Person zum Essen einladen?

Lassen Sie mich an dieser Stelle klarstellen, um was es hier nicht geht. Wir sprechen nicht von berechtigter Kritik. Wir alle verhalten uns zuweilen falsch und brauchen jemanden, der uns darauf aufmerksam macht. Das ist nicht respektlos, wenn es in der rechten Weise geschieht. Wir sprechen auch nicht über ein Schimpfwort, das jemandem einmal herausrutscht. Jeder hat einmal einen schlechten Tag. Es ist das Beste, einen solchen „Ausrutscher" möglichst schnell zu vergeben und zu vergessen.

Es geht nicht um die alltäglichen Wortgefechte, aus denen übersensible Naturen und Menschen mit geringer Selbstachtung Unverschämtheiten konstruieren. In diesem Fall sollten wir versuchen, unser Selbstwertgefühl zu stärken und unsere vermeintlich üble Behandlung etwas gelassener zu sehen. Wir sprechen hier von einer andauernden, demütigenden Behandlung, die sich in der Art, dem Tonfall, der Häufigkeit der Kritik oder in abfälligen „humorvollen" Bemerkungen äußert.

Ich glaube, jeder von uns war schon einmal mit einer solchen Situation konfrontiert. Einmal wollte die Mutter eines meiner Schüler mit mir über ein Problem sprechen. Im Verlauf unseres Gesprächs begann sie, mit mir herumzustreiten, und so sagte ich ruhig: „Ich glaube, wir werden unsere Unterhaltung beenden müssen. Ich habe es mir zum Grundsatz gemacht, nicht mit Leuten zu reden, die mich respektlos behandeln. Vielleicht sprechen Sie mit dem Direktor über Ihr Problem." Die Frau war völlig verblüfft. „Wollen Sie damit sagen, daß Sie nicht mit mir sprechen möchten?" Ich wiederholte meine Erklärung und beendete mit höflichen Worten unser Gespräch. Sie wandte sich an den Direktor.

Meine Schüler behandele ich genauso. Ab und zu kommt es vor, daß ein Schüler sich mir gegenüber frech benimmt, manchmal, ohne daß es ihm bewußt ist. Wenn ich diesem Schüler dann sachlich erkläre, daß seine Art mit mir zu reden respektlos ist, auch wenn er es nicht so gemeint hat, wird er in der Regel sein Verhalten ändern. (Im übrigen führe ich solche Gespräche immer unter vier Augen, weil ich die Schüler nicht vor ihren Klassenkameraden blamieren will. Ich möchte ihre und meine Würde wahren.) Verhält sich der Schüler weiterhin frech und unverschämt, schalte ich sofort jemand anderen ein, der das Gespräch weiterführt, denn ich rede ja nicht mit Menschen, die mich respektlos behandeln. Ich selbst versuche anderen auch mit Respekt zu begegnen. Diese Vorgehensweise hat sich bis jetzt gut bewährt. In Bereichen, wo ich weniger Kontrolle über das habe, was um mich herum vorgeht, ist es nicht immer so einfach.

Ich verlange übrigens auch nie eine Entschuldigung von jemandem, der sich mir gegenüber schlecht benommen hat, ob es sich um ein Kind oder einen Erwachsenen handelt. Das ist die persönliche Entscheidung des Betreffenden. Ich selbst bin nicht auf eine Entschuldigung angewiesen, weil ich eine solche Unverschämtheit nicht als persönliche Beleidigung betrachte, sondern als eine mangelnde Urteilsfähigkeit seitens des anderen.

Es gibt allerdings auch Situationen, in denen wir eine unhöfliche Behandlung geradezu herausfordern. Vor einiger Zeit wurde festgestellt, daß ich eine Brille brauchte. Einer meiner guten Vorsätze für das neue Jahr lautete: „Kauf dir eine besonders attraktive Brille." Mein sechzehn Jahre alter Sohn, eine Freundin aus Trinidad und ich betraten also ein Brillengeschäft. Ich probierte eine Brille nach der anderen. Manche sahen witzig aus. Ich setzte einige verkehrt herum auf. Wir benahmen uns ziemlich albern. Als ich den Ladenbesitzer bat, den Glasschrank zu öffnen und mir eine bestimmte Brille vorzuführen, weigerte er sich und meinte, daß wir gar nicht ernsthaft vorhätten, eine Brille zu kaufen. Ich fand das sehr unhöflich. Vielleicht hätte er den Schrank wirklich öffnen sollen. Aber im Rückblick sehe ich, daß ich sein Verhalten provoziert hatte. Der Mann hatte keinen Humor. Vielleicht war er auch müde. Ich war aber in jedem Fall auch an seinem Verhalten schuld.

Manche Menschen verhalten sich jedoch so, daß sie ständig respektlos behandelt werden. Rodney Dangerfield hat eine Parodie daraus gemacht, aber wenn es im wirklichen Leben geschieht, ist das alles andere als witzig.

Wenn Sie merken, daß Sie überall und von den verschiedensten Menschen respektlos behandelt werden, ist es wohl so, daß Sie – wie ich in dem Brillengeschäft – ein solches Verhalten provozieren. Höchstwahrscheinlich wissen Sie gar nicht, wodurch Sie ein so respektloses Benehmen auslösen. Vielleicht glauben Sie aber, den Grund zu kennen. „Die behandeln mich so, weil ich zu fett (oder häßlich oder unbeholfen) bin", sagen Sie vielleicht. Hier liegen jedoch nicht die Ursachen.

Ich kenne einen hochgeachteten Mann, einen Lehrer, der an einer zerebralen Schädigung leidet. Er spricht undeutlich und hat keine Kontrolle über seine Gesichtsmuskeln. Manchmal erscheint er in Tennisschuhen, Arbeitsanzug, Jackett und Krawatte in der Schule. Schüler, besonders Teenager, können Kannibalen sein, wenn sie spüren, daß der Lehrer eine geringe Selbstachtung besitzt. Dieser Mann hatte keine Schwierigkeiten. Er hat ein solches Maß an Selbstachtung entwickelt, daß er in seinem Leben in vieler Hinsicht weiter gekommen ist als mancher Gesunde.

Wir werden nicht aufgrund unserer körperlichen Verfassung schlecht behandelt. Körperliche Mängel dienen oft als Zielscheibe der Demütigung, aber sie sind nicht die eigentliche Ursache.

Wenn Sie den Eindruck haben, daß Sie dauernd respektlos behandelt werden, versuchen Sie, die Ursache dafür zu finden. Gehen Sie zu einem Therapeuten, der mit Ihnen an Ihrem sozialen Verhalten arbeitet. Fragen Sie ihn: „Wie kann ich mich so verhalten, daß man mir die Achtung erweist, die ich verdiene?" Fassen Sie Ihre Probleme ins Auge und arbeiten Sie daran.

Wenn Sie keinen Berater finden, lesen Sie einmal Bücher zum Thema „Erfolgreich leben". Probieren Sie einige der Vorschläge in diesem Buch aus. Das ist wichtig für Sie, weil Sie ein einzigartiger Mensch sind, der eine anständige Behandlung verdient.

> *Ein wertvoller Mensch handelt gemäß seinem Wert und sucht nur die Gesellschaft solcher Menschen, die seinen Wert erkennen und achten.*

Mit Würde reagieren

Ein würdevoller Mensch (und das sind wir alle), reagiert würdevoll

Messies leben in einer Welt der Unsicherheit. Auf der einen Seite sind wir uns unserer Fähigkeiten und Stärken bewußt. Andererseits tun wir so merkwürdige Dinge, daß wir das Vertrauen in unseren eigenen Wert in Frage stellen. Das, was uns in der Haushaltsführung Schwierigkeiten bereitet, macht uns auch in anderen Lebensbereichen Probleme.

Wir vergessen wichtige Dinge, wir übersehen oder verkennen Tatsachen, die auf der Hand liegen. Vielleicht versuchen wir, unsere Schwächen durch Organisationstechniken zu überwinden. Wir bedienen uns vielleicht der Mount Vernon-Methode, um die Kontrolle über unseren Haushalt zu bekommen, und des Kartensystems (siehe Kap. 12), um diese Kontrolle aufrechtzuerhalten. Es gibt auch andere Organisationstechniken, um unsere Pläne und Aktivitäten in den Griff zu bekommen.

Aber es gibt Dinge, die man nicht planen kann. Einmal hatte ich meine Hosen verkehrt herum angezogen und ging damit zur Schule. Ich dachte, ich hätte abgenommen, als ich sah, wie schlaff die Hose vorne herunterhing. Erst zwei Stunden später entdeckte ich meinen Irrtum. Es gibt keinen Organisationsplan, nach dem wir uns die Hosen anziehen können. Sie schreiben nicht auf eine Liste: „Hosen richtig herum anziehen!" Es gibt keinen Organisationsplan, der verhindert, daß ich meine Badewanne überfließen lasse, weil ich vergessen hatte, das Wasser abzudrehen. Jedem passiert mal ein Mißgeschick. Wenn dies sich jedoch zu einer Lebensweise ausweitet, wie es bei Messies oft der Fall ist, kann das sehr entmutigend sein. Es nagt an unserer Selbstachtung.

Wenn uns solche Mißgeschicke in Gegenwart anderer passieren, fühlen wir uns noch mehr bloßgestellt. Entscheidend ist nun, wie wir darauf reagieren. Hier einige Vorschläge, wie wir uns auf solche Situationen seelisch vorbereiten können.

Wir sprachen schon davon, daß wir Menschen aus dem Weg gehen, die uns regelmäßig demütigen. Wie gehen wir nun damit um, wenn wir in Gegenwart anderer etwas besonders Dummes tun? Selbst Leute, die sonst sehr nett sind, werden versucht sein, eine verletzende oder witzige Bemerkung zu machen. Lassen Sie sich nicht aus der Bahn werfen. Nehmen Sie sich so an, wie Sie sind, und Sie werden es leichter haben. Wenn Sie die Hose verkehrt herum tragen, und jemand macht Sie darauf aufmerksam, kontern Sie, Sie seien ein Trendsetter. Fließt die Badewanne über, sagen Sie, bei Ihnen wäre gerade eine Großreinemachaktion im Gange. Solche Vorkommnisse sind sehr peinlich. Wir hätten auch viel lieber alles unter Kontrolle, wie die Leute, denen anscheinend nie so merkwürdige Dinge passieren. Messies machen viele Fehler. Und dann müssen wir auch noch schnell überlegen, wie wir die peinliche Situation überspielen. In dem Maße, wie unsere Selbstachtung zunimmt, werden wir schneller bereit sein, uns selbst nach einem solchen Versagen zu vergeben. Wir werden uns so annehmen können, wie wir sind, mit allen Ecken und Kanten, und die Bereiche unseres Lebens genießen, in denen wir mehr Erfolg haben.

Wenn Ihnen ein Mißgeschick passiert, finden Sie nicht gleich Entschuldigungen dafür. Als ich mir an einem Mittwochmorgen Notizen zu diesem Kapitel machte und mich an meinem letzten Ferientag erfreute, fiel mir plötzlich siedendheiß ein, daß MITTWOCH ja der Tag war, an dem die Schule wieder anfing. Die Lehrerkonferenz war auf 8.30 Uhr angesetzt, und jetzt war es schon 8.45 Uhr. Mein erster Impuls war, voller Selbstvorwürfe herumzuhetzen, um alles für die Schule zusammenzupacken, und dann zur Konferenz zu eilen. Dort würde ich dann nervös irgendeine Entschuldigung vorbringen. Aber mir kam mein eigener Rat in den Sinn. Ich bin ein Mensch, der Wert und Würde besitzt. Diese Tatsache kann auch kein Mißgeschick ändern. Ich hatte mich darauf gefreut, an meinem ersten Schultag einen guten Eindruck zu machen. Erst kürzlich hatte ich mir eine neue Frisur machen lassen, für die ich nun ein bißchen Zeit brauchte. So vergab ich mir selbst, zog mich sorgfältig an, frisierte und schminkte mich, fuhr in Ruhe zur Schule und genoß dabei die Schönheit dieses Morgens. Ich kam sehr gelöst an und ging in die Konferenz, die an diesem Tag zufällig verspätet begonnen hatte. Ich kam gerade rechtzeitig, als es an mir war, mich vorzustellen, so, als sei ich die ganze Zeit dabeigewesen. Niemand fragte mich, weshalb ich zu spät gekommen war, wenn man es überhaupt bemerkt hatte. Einige machten mir jedoch Komplimente über mein gutes Aussehen.

Ich bin ein Mensch, den Gott mit Herrlichkeit und Ehre gekrönt hat, selbst, wenn ich zu spät zur Konferenz komme, meine Badewanne überfließen lasse, meine Hosen verkehrt herum anziehe oder mir irgendein anderes Mißgeschick passiert.

Aber was geschieht, wenn wir ernstlich entmutigt sind und das Gefühl haben, daß uns alles entgleitet? Was passiert, wenn uns unsere Fehler einholen und wir von Selbstzweifeln gequält werden?

Das beste Gegenmittel ist, sich an unsere Erfolge zu erinnern. Es gibt Dinge, auf die ich stolz bin. Das trifft auch auf Sie zu.

Sagen Sie sich: *Ich weiß, daß ich diese Sache vermasselt habe, aber ich* .... (hier tragen Sie nun etwas Positives über sich ein). In klaren Momenten fällt sicher jedem irgend etwas ein.

Aber manchmal will es uns gar nicht gelingen, uns davon zu überzeugen, daß wir überhaupt gute Eigenschaften besitzen. Wir verfallen in Depressionen. Aber das sollte kein Dauerzustand werden. Vielleicht ist in manchen Fällen die Hilfe eines Psychologen angebracht.

Sie sind wertvoll, nicht, weil Sie oder andere das glauben, sondern weil Gott Sie so sieht. Selbst, wenn Sie so schwere Depressionen haben, daß Sie überhaupt nicht mehr aus dem Bett kommen und nicht ein Stück aufräumen, sind Sie unendlich wichtig. Sie müssen es noch nicht einmal glauben — und doch ist es wahr. Verlassen Sie sich einfach darauf — Sie sind ein wunderbarer, einzigartiger, wertvoller Mensch!

Sich selbst mit Würde behandeln

Ein würdevoller Mensch geht würdevoll mit sich selbst um

Die Grundlage für unsere Würde liegt in unserer Selbstachtung. Wenn wir uns selbst achten, werden auch andere Achtung vor uns haben. Unsere Selbstachtung hat Auswirkungen auf alle Bereiche unseres Lebens, auch auf den Zustand unseres Haushalts. Unser Haus bzw. unsere Wohnung ist ein Spiegelbild unserer Selbsteinschätzung.

Sie werden bemerkt haben, daß ich viele Dinge über mich selbst preisgegeben habe, die manche lieber verschweigen würden. Ich gebe offen zu, daß ich unzählige Fehler mache, weil mein Wert nicht davon abhängt, wie viele Mißgeschicke ich verschleiern kann. Ich bin nach Gottes Ebenbild erschaffen. Ich bin ihm wichtig.

Das ist der Grund, weshalb wir uns nicht dauernd entschuldigen sollen. Wir brauchen unsere Würde nicht durch eine vorgetäuschte Perfektion zu schützen. Sie besteht auch ohne diese fadenscheinigen Bemühungen.

Sie entschuldigen, wenn ich mir jetzt die Krone aufsetze...

> *Ein wertvoller Mensch reagiert mit Würde und Humor auf Menschen und Ereignisse, auch auf solche, die ihn in Verlegenheit bringen, und zwar ohne sich ständig zu entschuldigen.*

Grundsatzerklärung für Messies

Ein Messie ist ein Mensch mit Würde

Ein würdevoller Mensch

☐ hat keine Schublade voller Strumpfhosen mit Laufmaschen. Es ist entwürdigend, diese jeden Tag zu durchwühlen, und ich verdiene auch Besseres.

☐ trägt keine Schlüpfer mit ausgeleierten Gummis. Das merkt zwar niemand außer mir, aber gerade deshalb ist es wichtig.

☐ schläft nicht in ausgeblichener Bettwäsche, selbst wenn sie noch heil ist.

☐ hat keine strähnigen Haare.

☐ benutzt saubere Kämme und Bürsten.

☐ trägt keine ausgeleierten BHs oder unattraktive Kittelschürzen.

☐ hat Pfefferminzpastillen für frischen Atem in der Tasche und benutzt zum Naseputzen kein Toilettenpapier, sondern Papiertaschentücher – besonders in der Öffentlichkeit.

☐ findet keine Entschuldigungen für Mißgeschicke, sondern akzeptiert seine Fehler mit Würde.

☐ behandelt andere mit der Achtung, die ihnen als wertvollen Menschen zukommt.

☐ läßt sich nicht von anderen wegen tatsächlicher oder eingebildeter Mißgeschicke beschämen.

5   Porträt eines Messies (Teil 1): Die Ursachen

Wir wissen, wie ein Mensch denkt, nicht erst wenn er uns sagt, was er denkt, sondern wenn wir seine Taten sehen.

Isaak Bashevis Singer

Ein Messie kommt schon als Messie zur Welt. Ich war schon immer ein Messie, aber es war mir nicht bewußt, bis ich versuchte, meinen Haushalt selbst zu organisieren. Bis zu diesem Zeitpunkt hatte ich in dem organisierten Haushalt gelebt, den meine Mutter, ein Cleanie, fest im Griff hatte. Hatte ich Schwierigkeiten mit der Organisation, steuerte sie mich in die richtige Richtung, wenn ich „ins Schwimmen kam". Das alles nahm ich als selbstverständlich hin und merkte gar nicht, wie chaotisch ich war − auf mich allein gestellt.

In meinem Gehirn lauerten destruktive Denkstrukturen und eine Menge Eigenschaften, die eines Tages mein „organisatorisches Schiff" zum Sinken bringen würden. Gleich zu Anfang meiner Ehe, als ich mit meiner eigenen Haushaltsführung begann, schlug ich die falsche Richtung ein.

Wir Messies haben Eigenschaften, die es uns schwermachen, einen Haushalt erfolgreich zu organisieren. Einige dieser Merkmale stelle ich hier vor.

Ablenkbarkeit

Messies springen von einer Aufgabe zur anderen und ziehen gleichsam einen Schwanz von halbfertigen Arbeiten hinter sich her. Sie nehmen immer wieder neue Arbeiten in Angriff, ohne die bewußte Entscheidung zu treffen, die begonnene

Arbeit zu unterbrechen. Der chaotische Zustand ihres Haushalts lädt förmlich dazu ein. Wir springen von einer Arbeit zur anderen, da wir z.B. erst einmal ein Regal aufräumen müssen, um dort wieder Dinge aus einem anderen Regal lagern zu können usw.

Dann kommt der Ehemann nach Hause, und wir lassen unsere Arbeit bis zum nächsten Tag liegen — oder wann immer wir uns dazu Zeit nehmen.

Das Kartensystem, das ich im 12. Kapitel beschreibe, soll unsere Arbeit in eine Richtung lenken und ihr ein Ziel weisen, damit wir unsere Energie nicht sinnlos verschwenden.

Ausgeschaltete Sicht

Messies merken gar nicht richtig, wie schlimm es um ihren Haushalt steht, weil ihnen der Blick dafür fehlt. Man könnte sagen, sie *denken* kurzsichtig. Ihre Augen sind scharf genug, aber sie „sehen" den Zustand des Hauses gar nicht. Messies haben eine Art Tunnelsicht. Sie können nur einen kleinen Ausschnitt ihres Hauses auf einmal wahrnehmen, und daran arbeiten sie mit voller Energie. So kommt es, daß oft ein Teil ihres Haushalts perfekt gepflegt und aufgeräumt ist, während der Rest einem Schlachtfeld gleicht.

Tendenz zur Übertreibung

Weil Messies die ehrliche Absicht haben, ihr Haus in Ordnung zu halten, und um ihre Ablenkbarkeit wissen, sind sie innerlich oft so angespannt, daß sie zuviel des Guten tun. Sie sind so übereifrig, daß sie bis zur Erschöpfung arbeiten. Wenn Messies eine entspanntere und distanziertere Haltung zu ihrem Haushalt einnehmen könnten, würden sie viel mehr Fortschritte sehen.

Diese Tendenz zur Übertreibung kann sich auf verschiedene Weise zeigen. Peg möchte verzweifelt Ordnung in ihren

Haushalt bringen und beginnt, die Schubladen einer Kommode aufzuräumen. Den ganzen Tag sortiert sie Socken, faltet Wäsche usw. Sie kocht keine Mahlzeiten und wäscht keine Wäsche. Sie möchte so gern diese Kommode in einem aufgeräumten Zustand sehen und konzentriert sich so auf diese eine Aufgabe, daß sie innerlich unbeweglich wird. Sie kann nicht zu anderen Arbeiten überwechseln, die im Augenblick nötiger getan werden müßten. Das Haus ist so unordentlich, daß man es nicht saubermachen kann. Aber die Schubladen der Kommode sind jetzt perfekt eingeräumt.

Mattie hat ein anderes Problem, aber das Ergebnis ist dasselbe. Sie sieht den chaotischen Zustand des ganzen Hauses, und sie nimmt sich vor, ihren gesamten Haushalt ein für allemal in den Griff zu bekommen. Sie ist wild entschlossen. Sie schuftet stundenlang ohne Pause, angetrieben von ihrer Verzweiflung über den Zustand des Hauses. Sie kann nicht innehalten, so sehr konzentriert sie sich auf ihr großes Ziel. Wenn die Kinder sie unterbrechen, wie es immer wieder vorkommt, ist sie nicht in der Lage, kurzfristig innerlich umzuschalten. Sie ärgert sich so über die Unterbrechung, daß sie ganz mit ihrer Arbeit aufhört. Sie kann sich nicht von ihrem Haushalt auf die Kinder umstellen und umgekehrt.

Peg ist entmutigt, weil die wirklich beschwerlichen Bereiche des Haushalts ungetan bleiben, und Mattie ist total erschöpft. Sie gönnen sich beide eine lange Ruhepause. Wieder übertreiben sie, diesmal mit der Ruhe. Das Haus verstaubt, während sie Bücher lesen (oder was auch immer), um sich nicht zu überarbeiten.

Jetzt haben sie eine gute Entschuldigung: *Ich hab's ja versucht, aber es ging über meine Kraft.*

Die Mount Vernon-Methode soll dazu dienen, jemanden wie Peg von ihrer unproduktiven Arbeit abzubringen oder einer Frau wie Mattie klarzumachen, daß sie nicht bis zur Erschöpfung zu arbeiten braucht, um ihren Haushalt in den Griff zu bekommen. „Langsam, aber sicher" ist unser Motto. Aber unsere Bemühung muß in die richtige Richtung gelenkt werden, sonst geben wir auf.

Langsamkeit

Messies bewegen sich oft langsamer als andere Menschen. Dan Marino, der hervorragende Abwehrspieler der Miami Dolphins, ist unglaublich reaktionsschnell. Seine Synapsen und Nerven reagieren auf der Stelle. Der ganze Körper ist bis zum äußersten angespannt, und plötzlich ist der Ball weg. Marino ist schnell wie der Blitz.

Viele Messies reagieren einfach langsam. Wir scheinen in demselben Tempo zu arbeiten wie andere, schaffen aber weniger. Reaktionsschnelle Messies benutzen diese Eigenschaft oft als Entschuldigung dafür, ihre Arbeit ständig vor sich herzuschieben. Wenn sie einmal anfingen, würden sie ja ganz schnell fertig werden. Aber sie fangen nicht an.

Diese und andere Eigenschaften tragen dazu bei, daß wir bei unserer Hausarbeit wenig Erfolge sehen. Cleanies haben diese Probleme nicht.

Die Anonymen Messies sind der Ansicht, daß niemand freiwillig ein Messie wäre, wenn er die Wahl hätte. Aber wir wurden mit diesen Eigenschaften geboren, so, wie unsere Haar- oder Augenfarbe angeboren ist. Es gibt jedoch Behinderungen, die wir uns selbst aufladen. Das sind die Denkweisen, die wir im Laufe der Zeit entwickeln, um uns auf unser chaotisches Leben einzustellen. Am Ende verschlimmern diese „Anpassungsmechanismen" jedoch unser Problem.

Viele Messies sind eher „lässige" Typen. Deshalb brauchen wir eine genaue Anleitung, die leicht zu befolgen ist und unseren persönlichen Eigenschaften entspricht. Vielleicht sind manche von uns vom Geist der sechziger Jahre beeinflußt. Wir ließen uns überzeugen, daß es nicht notwenig sei, das Leben so „verbissen" zu sehen. Wir waren ja von Natur aus schon desorganisiert, und nun war der undisziplinierte Lebensstil sogar „in". Diese Kombination ist der sichere Weg, einen Messiehaushalt im Laufe der Zeit ins absolute Chaos zu stürzen.

Dazu kommt noch, daß Messies in der Lage sind, ein hohes Maß an persönlichem Streß zu ertragen. Wir sind es gewohnt, daß uns die Dinge entgleiten. Das wirft uns nicht um. Wir wissen, daß wir nicht sterben, wenn das Telephon abgeschaltet ist (man kann es wieder anschalten), wenn ein Scheck platzt (das wird schon geregelt), wenn nichts zum Frühstück im Haus ist (dann gibt es Spaghetti mit Fertigsoße), wenn ein Bericht nicht fertig wird (niemand ist vollkommen), wenn wir die Belege für die Steuererklärung nicht finden (ist doch nur der schnöde Mammon). Eine solche Lebensweise hat eine verheerende Wirkung auf unsere Selbstachtung. Weil wir damit umgehen können, machen wir immer so weiter und merken gar nicht, wie zerstörerisch sich diese Art zu leben auf uns auswirkt. Messies dürfen es nicht so weit kommen lassen, daß ihre Würde mit Füßen getreten wird. Wir dürfen nicht immer mehr „einstecken".

Ein Bankangestellter erzählte mir, daß es Kunden gebe, die wissen, daß sie ihr Konto überzogen haben, auch genügend Geld besitzen, um es aufzufüllen, aber einfach nicht zur Bank gehen, um das Geld einzuzahlen. Er bezeichnete diese Menschen als „faul". Doch ich bin mir da nicht so sicher. Weshalb ist jemand bereit, die negativen Folgen seines Handelns zu tragen, die er mit wenig Aufwand vermeiden könnte?

Ein Grund liegt vielleicht in derselben Widerspenstigkeit, die Leute dazu verleitet, dringende Arbeiten vor sich herzuschieben. *Sie sagen mir nicht, was ich zu tun oder zu lassen habe,* denken sie bewußt oder unbewußt, und so brechen sie die Regeln und nehmen die Konsequenzen auf sich.

Schließlich stehen sich Messies selbst im Weg, weil sie sich an unproduktive Ideen klammern. Die energiesparende Maßnahme, Dinge nicht einzuräumen, damit man sie nicht wieder ausräumen muß, schafft nur Unordnung. Aber die Idee *scheint* gut zu sein. Papiere in Stapeln anzuordnen, statt sie in Ordner abzulegen, klappt auch nicht, erscheint aber auf den ersten Blick zeitsparend. Sechs Packungen Heftpflaster irgendwo herumliegen zu haben, so daß ich wenigstens eine finde, wenn ich Pflaster brauche, ist auch keine so brauchbare Idee. Solche Ideen fördern eine chaotische Lebensweise. Wir müssen sie fallenlassen, wenn wir ein neues Leben beginnen wollen.

Während ein Messie gegen seine natürlichen Eigenschaften und seine unproduktive Denkweise ankämpft, erscheinen andere Menschen auf der Bildfläche. Ehemänner, Kinder und Eltern, die in diesem Wirrwarr leben müssen, beginnen schließlich ihre Gefühle zu äußern.

„Du mußt das in den Schrank räumen, damit ich es finde."
„Warum sieht unser Haus nicht so aus wie das von Carrie?"
„Ich hab keine saubere Unterwäsche mehr."

Auf solche Kritik können wir nun auf verschiedene Weise reagieren. Wir können ...

Rebellieren. Eben habe ich schon Messies erwähnt, die rebellisch reagieren, ärgerlich werden und sich nicht ändern – nur aus Trotz.

Uns zurückziehen. Manche Messies regen sich so auf, daß sie gar nichts mehr tun können. Oft werden sie deprimiert und verbringen viele Stunden im Bett, oder sie lesen oder beschäftigen sich nur mit Tätigkeiten, bei denen sie Erfolgserlebnisse haben, und ignorieren den Rest.

Dinge verschleiern. Hier handelt es sich um einen Messie, der immerzu arbeitet oder gerade anfangen wollte zu arbeiten oder über Arbeit redet oder eine Arbeit plant, aber er schafft kaum etwas. Er versucht vielleicht sein Bestes, erreicht aber nie, was seine Familie sich wünscht – ein Haus, in dem man sich wohlfühlt. Er redet von Arbeit, um seinen Mangel an tatsächlichen Arbeitsergebnissen zu verschleiern. Wenn er arbeitet, tut er das nicht, um eine Aufgabe zu erledigen, sondern damit er die Sache „abhaken" kann. Dieser Messie ist nicht zielorientiert, sondern arbeitsorientiert. Er räumt das Haus nicht auf, weil er möchte, daß es schön aussieht und seine Arbeit effektiv ist. Er macht sauber, weil das von ihm erwartet wird. Er saugt den Teppich am Abend, damit er diesen Punkt von seiner Liste streichen kann. Ein Cleanie würde morgens saugen, weil er den Tag über in einem schönen Haus leben will.

Messies tricksen sich auf alle mögliche Art und Weise selbst aus, aber am Ende stehen sie immer als die Verlierer da. Wenn Messies an sich Eigenschaften entdecken, die die Organisation erschweren, können sie sie kompensieren. Wenn wir uns selbst mit unseren Schwächen annehmen, leben wir entspannter und können gleichzeitig effektiver arbeiten. Wenn wir erst einmal erkennen, daß wir gewisse Denkstrukturen ablegen müssen, ist der Erfolg nicht mehr weit.

6 Porträt eines Messies (Teil 2): Die Temperamentstypen

Es gibt unzählige Fälschungen, aber SIE gibt es nur einmal.

Florence Littauer (Personality Plus)

Vor fünfundzwanzig Jahren lernte ich die Lehre von den vier Temperamenten kennen, die von dem griechischen Arzt Hippokrates entwickelt wurde, der allgemein als Begründer der modernen Medizin gilt. Immer wieder hat man versucht, Menschen nach bestimmten Gesichtspunkten einzuteilen, was nie hundertprozentig gelungen ist. Aber diese alte griechische Vorstellung von den vier Persönlichkeitstypen kann uns helfen, uns selbst und unsere Mitmenschen besser zu verstehen. Die Bezeichnungen dieser vier Temperamente stammen aus dem Griechischen, und auch ich werde sie so beibehalten, wie sie sich 2500 Jahre lang erhalten haben.

Dies sind also die vier Temperamente mit ihren grundlegenden Persönlichkeitsmerkmalen:

Sanguiniker: lebhaft, optimistische Lebenseinstellung
Melancholiker: niedergedrückt, pessimistische Lebenseinstellung
Choleriker: aktiv
Phlegmatiker: langsam, bedächtig

Es gibt diese Temperamente nicht in Reinkultur, sie sind miteinander kombiniert. Bei den meisten Menschen ist jedoch ein Persönlichkeitstypus vorherrschend. Wenn wir nun erkennen, welchem Grundtyp wir selbst und unsere Mitmenschen ange-

57

hören, werden wir auch einige Probleme besser einordnen können, die wir bislang mit uns selbst und anderen hatten. Das ist wichtig, da sich in der Regel auch Gegensätze anziehen!

Merkmale der Persönlichkeitstypen — welcher Typ sind Sie?

Sanguiniker: Sie sind kontaktfreudig, lebhaft und überschwenglich. Sie haben eine optimistische Lebenseinstellung und selten Langeweile. Sie sind vielseitig interessiert, sind häufig künstlerisch oder kunsthandwerklich tätig und engagieren sich gerne ehrenamtlich.

Sanguiniker haben häufig ein schlechtes Gedächtnis. Namen, Daten und Orte geraten schnell in Vergessenheit.

Weil Sanguiniker in der Gegenwart leben, vergessen sie Vergangenes ziemlich rasch, und sie können sich auch keine klare Vorstellung von der Zukunft machen. Ich glaube, das ist der Grund, weshalb so viele Messies, die diesem Typ angehören, eine Sammelleidenschaft entwickeln. Sie wissen intuitiv, daß ihnen die Vergangenheit entschwindet und sie sich bald nicht mehr an bestimmte Ereignisse erinnern werden. Um das zu kompensieren, bemühen sie sich nach Kräften, die Erinnerung an Vergangenes zu erhalten. Sie photographieren viel und bewahren Stapel von Schnappschüssen auf. Sie horten alte Programme, Eintrittskarten, Muscheln aus dem Urlaub und Babyschuhe. Dazu haben sie auch allen Grund: Ohne diese Erinnerungsstücke würden sie viele denkwürdige Ereignisse aus der Vergangenheit vergessen. Als verantwortungsbewußte Menschen wollen Sanguiniker auf die Zukunft vorbereitet sein. Da sie sich kein klares Bild von der Zukunft machen können (und wer kann das schon?), versuchen sie, für alle Eventualitäten gerüstet zu sein. Sie heben alte Medikamente, Make-up und Zeitschriften auf, „für alle Fälle". Das Problem ist nur, daß sie an diesen Dingen nicht viel Freude haben werden, wenn sie sie überhaupt *wiederfinden,* es sei denn, sie sind außergewöhnlich gut organisiert. Aber selbst der organisierte Sanguiniker erkennt mit der Zeit, daß seine organisierte „Sammlung" eine zu große Belastung bedeutet.

Dieses „in der Gegenwart leben" wird auch zum Problem, wenn es darum geht, Zeitpläne einzuhalten. Selbst wenn Sanguiniker wissen, daß sie zu einer bestimmten Zeit an einem bestimmten Ort sein müssen, haben sie Schwierigkeiten, sich rechtzeitig fertigzumachen und die Fahrtzeit einzuplanen. Wenn es um zukünftige Planungen geht, sind Sanguiniker sehr unzuverlässig. Sie vergessen Termine oder irren sich im Datum oder in der Uhrzeit. Weil ich ein Sanguiniker bin, wie viele Messies, verpaßte ich den ersten Schultag, wie ich berichtet habe. Aus demselben Grund werden auch Rechnungen nicht rechtzeitig bezahlt. Bevor der Sanguiniker es merkt, ist der Zahltag verstrichen. Ihm scheint es, als sei die Rechnung erst vor ein paar Tagen gekommen.

Weil Sanguiniker in der Gegenwart leben, haben sie Probleme mit weitgesteckten Zielen. Sie engagieren sich in verschiedenen Projekten und melden sich freiwillig für wichtige Aufgaben — aber sie haben ein geringes Durchhaltevermögen. Das ferne Ziel verblaßt allzu schnell. Andere aktuellere Aufgaben fesseln ihre Aufmerksamkeit. Das Ziel, das gestern noch so wichtig schien, gehört für sie heute schon der Vergangenheit an.

Viele Messies sind von ihrem Grundtyp her Sanguiniker. Leben sie mit einem anderen Sanguiniker zusammen, verdoppeln sich ihre Schwierigkeiten. Sie sind zwar auf der einen Seite optimistisch und fröhlich, aber auch ständig frustriert über den Zustand ihres unmittelbaren Umfelds.

Melancholiker: Sie haben ein vielschichtiges Temperament. Sie sind sehr feinfühlig und oft künstlerisch begabt. Typische Berufe sind Künstler, Erfinder, Philosophen oder Theologen.

Melancholiker sind sensibel für die Nöte ihrer Mitmenschen. Sie vergessen sie nicht, wie der Sanguiniker. Sie machen sich Gedanken über ihre Probleme, weil sie gerne an deren Lösung mitwirken, seien sie nun persönlicher oder sachlicher Art. Sie sind idealistisch, zielbewußt und organisiert.

Die meisten Melancholiker sind Perfektionisten. Sie analysieren gern, um zu sehen, wie perfekt sie ein Problem lösen können. Sie lieben Details und stellen sich gern Tatsachen sichtbar vor Augen. Melancholiker zeichnen Diagramme und Kurven und fertigen Listen an. Sie leben am besten in einem klar geordneten Haushalt. Wegen dieser Eigenschaften sind sie gute Hausfrauen – sie erkennen, was getan werden muß, und tun es effektiv. Zudem sind sie sparsam.

Wenn Sie zum Teil Melancholiker sind, nutzen Sie Ihre künstlerisch-feinsinnigen Eigenschaften, um sich Mut zu machen. Besuchen Sie Möbelhäuser mit Modelleinrichtungen. Träumen Sie von der Schönheit und Ordnung, die auch Sie umgeben wird, wenn Sie Ihre Pläne weiter verfolgen. Sie können Ihr Heim zu einem persönlichen Kunstwerk machen.

Wenn Sie mit einem Melancholiker zusammenleben, leidet er vermutlich an Ihrer Neigung zur Unordnung. Das Chaos und der Mangel an Perfektion treibt diese Menschen zum Wahnsinn. Nichts, was ein Messie tut, ist jemals gut genug für einen Melancholiker. Er wird dieselbe Arbeit nochmal erledigen oder sehr harsche Kritik äußern. Dabei stellt er vielleicht vieles schlimmer dar, als es wirklich ist, und das verwirrt und frustriert Sie noch mehr.

Wenn Sie ein Sanguiniker sind, wird diese perfektionistische und depressive Tendenz Ihres melancholischen Mitmenschen Sie zum Wahnsinn treiben und Sie schließlich so entmutigen, daß Sie gar nicht mehr versuchen, sich zu bessern. Sind Sie ein Messie mit melancholischen Tendenzen, werden Sie aufgrund dieser Eigenschaften Dinge vor sich herschieben oder sich selbst herabsetzen, weil sie Ihre Fehler so ernst nehmen.

Choleriker: Sie sind optimistisch, zielorientiert, dynamisch und nehmen gern „die Dinge in die Hand." Sie versuchen stets, Situationen zum Besseren zu verändern und werden aus diesem Grund häufig in Führungspositionen versetzt. Sie können auch gut organisieren und delegieren.

Wird sich ein solcher Mensch von einem Messie-Haushalt unterkriegen lassen? Aber keineswegs. Wenn Sie ein Messie sind, der zumindest ein bißchen cholerisches Temperament in sich verspürt, pflegen und nutzen Sie es! Es wird Ihnen helfen, auf der richtigen Spur zu bleiben.

Sind Ihr Mann oder Ihre Schwiegermutter Choleriker, stehen Sie mit Sicherheit unter hohem Druck und werden ständig kritisiert. Weil Choleriker zielorientiert sind, achten sie oft nicht auf die Gefühle der Menschen, mit denen sie zu tun haben. Sie neigen dazu, auf Leute herabzusehen, die nicht so fähig sind wie sie selbst.

Wenn Sie mit einem Choleriker zusammenleben, der nicht gelernt hat, sein energisches Wesen im Umgang mit Ihnen etwas zu zügeln, könnte das Ihre Beziehung sehr belasten. Das entmutigt oder ärgert Sie vielleicht so sehr, daß Sie Ihren Haushalt noch schlechter bewältigen, als das ohnehin der Fall wäre.

Choleriker ändern sich nur schwer. Wenn ein Choleriker Ihnen durch seine verletzende Art das Leben schwermacht, sprechen Sie mit ihm darüber. Er wird Ihnen sicher zustimmen und sagen, daß er sie nicht antreiben müsse, wenn Sie sich nur ändern würden.

Doch sollte auch hier eine klare und offene Aussprache, die in einer Atmosphäre der Liebe und Achtung geführt wird, allmählich eine Veränderung bewirken. Ein Mensch mit Würde, ob Messie oder nicht, wird nicht zulassen, daß er dauernd herabgesetzt wird, ganz gleich wie kompetent der jeweilige Kritiker ist.

Auf der anderen Seite können Messies sich die organisatorischen Fähigkeiten von Cholerikern zunutze machen, wenn einmal die Spannungen zwischen ihnen abgebaut sind. Der Choleriker kann dem Messie zum Erfolg verhelfen, wenn es der Messie selbst ist, der ihn um Rat fragt. Gut, daß es Choleriker gibt! Sie sind die „Macher" der Welt. Bringen wir sie dazu, uns zu helfen, statt uns herumzukommandieren.

Phlegmatiker: Sie sind unbekümmert und leichtlebig. Die Persönlichkeitsstruktur vieler Messies ist stark phlegmatisch geprägt. Sie sind ausgeglichen, ruhig, geduldig und anpassungsfähig. Phlegmatiker sind wertvolle Mitarbeiter in jeder Organisation. Sie setzen mit ihrer Begeisterung und Kreativität nicht gerade die Welt in Brand, aber sie erledigen ihre Aufgaben zuverlässig.

Phlegmatiker sind in der Regel mit ihrem Leben zufrieden und suchen keine neuen Herausforderungen. Sie werden, im Gegensatz zu Cholerikern, nicht automatisch die Führungsrolle übernehmen. Doch wenn sie eine verantwortungsvolle Position innehaben, der sie sich gewachsen fühlen, leisten sie in der Regel sehr gute Arbeit.

Phlegmatiker sind gute Zuhörer. Sie sind innerlich nicht so unruhig und gleich wieder mit anderen Dingen beschäftigt wie ein Sanguiniker. Sie sind Freunde, mit denen man leicht auskommt, und immer zur Stelle, wenn man sie braucht.

Phlegmatiker haben vielleicht weniger Schwächen als andere Persönlichkeitstypen. Aber bei Messies mit phlegmatischen Neigungen fallen diese Schwächen schwer ins Gewicht.

Phlegmatiker sind schwer zu motivieren und brauchen eine lange Anlaufzeit. Sie schmieden ungern Pläne für ihre Vorhaben, wie Theaterbesuche, den Umbau ihres Hauses oder die Verbesserung ihrer Hausarbeit. Das ist ihnen zu umständlich. Im Extremfall ist diese schwache Motivation schlicht und einfach Faulheit.

Phlegmatiker *denken* lieber über das *nach,* was getan werden müßte, statt es zu *tun.* Die Tatsache, daß sie gründlich über eine Arbeit nachgedacht haben, ersetzt ihnen oft deren tatsächliche Ausführung. Im Geist sind Phlegmatiker sehr effektiv. Ständig überlegen sie, wie man Tätigkeiten vereinfachen und dadurch Energie sparen könnte. Ihnen genügt das Wissen, daß sie geistig auf eine bestimmte Arbeit vorbereitet sind, wenn sie sich einmal dazu aufraffen sollten — dazu kommt es allerdings meistens nicht.

Wenn sie an den Hausputz denken, überwältigt sie der große Arbeitsaufwand, den sie vor ihrem geistigen Auge sehen. Sie besitzen nur wenig Energie. Sie gehen eher zu einem Seminar oder lesen ein Buch und sind zufrieden, daß sie nun wissen, wie sie sich ändern könnten, selbst wenn sie sich nie dazu aufraffen.

Hier ist die geringe Motivation des Phlegmatikers kombiniert mit seiner Neigung zur Sturheit. Hat ein Phlegmatiker beschlossen, sich nicht zu ändern, kann auch ein Choleriker ihn nicht dazu bewegen. Diese Tatsache wird oft von der lässigen Art und guten Laune des Phlegmatikers verschleiert.

Schließlich sind Phlegmatiker nicht besonders entschlußfreudig. Melancholiker können sich nicht entscheiden, weil sie in ihrer perfektionistischen Art nur die „allerbeste" Entscheidung treffen wollen. Phlegmatiker treffen aus praktischeren Gründen nicht gern Entscheidungen. Manche Wahlmöglichkeiten sind ihnen schlicht und einfach egal. „Kaffee oder Tee", „Milch oder Cola" – das spielt für Phlegmatiker keine Rolle. Sie warten, bis andere die Bestellung aufgeben und schließen sich dann der Mehrheit an.

Phlegmatiker sind auch deshalb entscheidungsunwillig, weil sie ihre Kräfte schonen wollen. Sie befürchten, sich durch eine solche Entscheidung mehr Arbeit aufzuladen, als sie eigentlich tun wollen.

Hat eine Messie-Frau einen Messie-Phlegmatiker zum Ehemann, wird sie es schwer haben, ihn zur Zusammenarbeit zu bewegen, wenn sie sich entschlossen hat, ihre Haushaltsführung zu ändern. Hat sie das Haus in Ordnung gebracht und ist stolz auf sich selbst, wird er ihr keine Komplimente machen, weil ihm der Zustand des Hauses eigentlich egal ist. Lassen Sie sich nicht dadurch entmutigen. Dieses Verhalten entspricht ganz einfach seinem Wesen. Aber Ihnen ist der Zustand Ihres Hauses nicht gleichgültig, und deshalb freuen Sie sich darüber.

Das Messie-Temperament: Vielleicht gibt es ein fünftes Persönlichkeitsprofil, welches die Eigenschaften der anderen vier Gruppen auf eine Weise kombiniert, daß man von einer fünften Gruppierung sprechen kann: dem Messie-Temperament.

Messies sind von ihrer Persönlichkeit her oft verwirrt und frustriert. Es handelt sich um eine Kombination von gegensätzlichen Eigenschaften der anderen Gruppen in unterschiedlicher Zusammensetzung:

Messies besitzen die Freundlichkeit, das schlechte Gedächtnis, die positive Grundstimmung, die Ablenkbarkeit und die übermäßige Nachgiebigkeit des Sanguinikers. Die meisten Messies sind von ihrer Grundstruktur her Sanguiniker. Diesen Teil Ihrer Persönlichkeit sollten Sie sich zunutze machen. Ermutigen Sie sich selbst durch Ihre Freundlichkeit und Fröhlichkeit, das Haus einmal gründlich zu reinigen. Laden Sie Gäste ein, planen Sie Zusammenkünfte. Ein guter Grund für einen Sanguiniker-Messie, Ordnung in seinen Haushalt zu bekommen.

Messies besitzen auch die Feinfühligkeit des Melancholikers und sein Streben nach wahren Werten wie Kunst, Schönheit und Wissen. Das verursacht bei ihnen großen inneren Streß. Diesen kompensieren sie durch ihre natürliche Fähigkeit, ihr eigenes Chaos einfach zu übersehen. Zu alledem sind Messies, wie Melancholiker, häufig Perfektionisten. Dieser Perfektionismus ist, zusammen mit ihrer Sammelleidenschaft, das Haupthindernis für ihren Erfolg. Perfektionismus ist eine sehr frustrierende Eigenschaft, weil sie gegen sich selbst arbeitet. In ihr liegt bereits der Keim der Zerstörung. Der perfektionistische Messie möchte eine Sache entweder hundertprozentig richtig oder gar nicht tun – und allzu oft siegt das „gar nicht". Doch ein melancholischer Charakterzug kann für Messies auch zur Quelle ihrer stärksten Motivation werden. Weil sie sich nach Lebensqualität sehnen, sind sie oft fähig, Hindernisse zu überwinden und ihre Probleme anzupacken, bis sie sie im Griff haben.

Der phlegmatische Persönlichkeitsanteil, der für einen Messie am hinderlichsten ist, ist seine geringe Motivation, das Gefühl, daß einem „alles zu viel wird". Ein Messie mit diesem Persönlichkeitsmerkmal muß sich ein vernünftiges Programm machen. Er sollte jeden Tag ein wenig nach der Mount Vernon-Methode vorgehen. Wenn er sein Kartensystem erstellt, muß er achtgeben, daß er sich nicht zu viel vornimmt und sich dadurch entmutigt.

Nutzen Sie Ihr Wissen

Die Kenntnis dieser Persönlichkeitsstrukturen kann Ihnen helfen, sich selbst mit Ihren Stärken und Schwächen richtig einzuschätzen. Sie können dann Ihre Stärken fördern und an Ihren Schwächen arbeiten. Schwächen sind niemals eine Entschuldigung für Versagen. Sie sind nur Hürden und Hindernisse auf dem Weg zum Erfolg. Vergessen Sie nicht: Was für eine Persönlichkeitsstruktur Sie auch besitzen, Sie werden erfolgreich sein, wenn Sie ein Ziel haben, von dem starken Wunsch beseelt sind, dieses Ziel zu erreichen, und zu diesem Zweck einen Plan erstellt haben.

Wenn Ihre Mitmenschen einige der eben beschriebenen Eigenschaften besitzen, lernen Sie, die positiven Züge zu nutzen und die negativen zu überwinden.

Teil 2

Die Schlacht gewinnen und siegreich bleiben

7 Sieger oder Besiegter – das liegt an Ihnen

Gewohnheit ist Gewohnheit. Man kann sie nicht aus dem Fenster werfen, sie muß Schritt für Schritt weggelockt werden.

Mark Twain

Tief in uns ist eine Sehnsucht nach positiver Veränderung in unserem Leben. Dieser Sehnsucht müssen wir auf die Spur kommen und sie uns bewahren. Es gilt zu erkennen, daß wir, wir ganz allein, verantwortlich sind für die Bedingungen, in denen wir leben. Vielleicht begreifen wir das ganz allmählich, oder aber die Einsicht trifft uns wie ein Schlag ins Gesicht. Auf jeden Fall wird der Schock dieser Erkenntnis eine so erfreuliche Veränderung in Ihrem Leben bewirken, wie Sie es nicht einmal zu erträumen wagten.

Wir müssen begreifen, daß unser Heim mit all seinem Chaos und seiner Unordnung das direkte Ergebnis unserer eigenen Wünsche ist. Unsere Entscheidungen haben diesen Zustand herbeigeführt. Vielleicht gefällt uns der Anblick unserer „Schöpfung" nicht – aber es war unser Werk! Und nur wir selbst können es wieder rückgängig machen.

Nicht unsere Mutter wird an unserer Stelle eine Veränderung bewirken, auch nicht eine gute Fee. Kein Psychologe wird mit einem Lastwagen kommen und unser Gerümpel abholen. Kein Nachbar und keine soziale Einrichtung ist für den Zustand unseres Hauses oder unserer Wohnung verantwortlich, sondern wir allein.

Wahre Würde beginnt, wenn wir mit beiden Beinen fest im Leben stehen und sagen: „Ich bin verantwortlich."

Welch eine Last wird uns dadurch abgenommen! Wir müssen nicht länger auf ein Wundermittel warten, auf eine magische Formel für den Erfolg. Wir selbst sind das Wundermittel.

Es gibt kein Erfolgsgeheimnis, das auf einen grünen Stock geschrieben ist, der im Wald versteckt liegt, wie Dostojewski als Kind vermutete.

Einst lebte ein Mann, dessen höchstes Lebensziel es war, Diamanten zu suchen, um damit sein Glück zu machen. Er verließ sein Dorf, um auf der ganzen Welt nach Diamanten zu graben. Mit dieser ergebnislosen Suche verbrachte er sein ganzes Leben und starb schließlich als armer Mann. Als Freunde in seinem Heimatdorf sein Grab aushoben, förderten sie unglaublich wertvolle und herrliche *Diamanten* zutage! Der Mann hatte am falschen Ort gesucht. Das, wonach er sich gesehnt hatte, war ganz nahe gewesen. Und doch starb er, ohne seine Sehnsucht gestillt zu haben.

Die Antwort, nach der Sie suchen, ist nicht in weiter Ferne. Sie liegt in Ihnen selbst. Wenn Sie sie weiterhin anderswo suchen, werden Sie nur Zeit verlieren und das einzigartige und wunderbare Leben verpassen, das Sie hier und jetzt ergreifen können. Nehmen Sie es in Anspruch! Aber zunächst gestehen Sie sich ein: „Die Antwort liegt in *mir*."

Das zuzugeben, ist nicht leicht. So lange waren wir davon überzeugt, wir müßten unnötige Dinge horten, ständig auf Achse sein, längere Ruhepausen einlegen und unseren selbstzerstörerischen Weg weiter verfolgen. Es fällt uns schwer, uns einzugestehen, daß wir im Unrecht waren. Wir haben unseren Geist mit destruktiven Gedanken gefüttert. Es erfordert Mut, zu sagen: „Ich hatte unrecht." Nehmen Sie Ihren Mut zusammen! Nur so finden Sie einen Ausweg aus Ihrem Dilemma.

Das Leben ist oft paradox. Manche Redewendungen bringen das zum Ausdruck. Wir sagen „Geben ist seliger als Nehmen" oder „weniger ist mehr" oder dergleichen. In unserem Fall handelt es sich um ein ähnliches Prinzip — wir bewirken eine positive Veränderung in unserem Leben, wenn wir nicht alles so verbissen sehen. Messies sind meistens angespannt und übereifrig. Diese Verbissenheit treibt uns zum hektischen Sparen, Sammeln, Lernen und Arbeiten. Wir nehmen alles so furchtbar wichtig. Wir *müssen* dies aufheben und jenes tun. Eine solche Denkweise führt zu einem chaotischen Leben und verwirrt unseren Geist.

Versuchen Sie, etwas *entspannter* zu leben und nicht jede Kleinigkeit so furchtbar wichtig zu nehmen. Sie haben also gestern eine Pfanne weggeworfen, die sie jahrelang nicht benutzt hatten — aber gerade heute hätten Sie sie gebrauchen können. Na und? Sie haben doch noch eine. Es muß doch nicht alles so perfekt sein, wie Sie sich das bislang eingeredet hatten.

Sie sind auch nicht die einzige, die den Schulfasching organisieren kann, der Ihnen jedes Jahr den letzten Nerv raubt. Diese Aufgabe kann auch einmal jemand anders übernehmen. Selbst wenn das Fest dann nicht so gut wird wie unter Ihrer Leitung, was soll's? Ist es denn so wichtig, daß alles bis ins Detail so abläuft, wie Sie das geplant hätten? Und wenn (nicht auszudenken!) der Schulfasching ganz ausfällt, wenn Sie nicht die Leitung übernehmen? Was dann? Haben die anderen Eltern so wenig Interesse daran? Die Welt wird jedenfalls nicht untergehen, wenn der Schulfasching einmal nicht stattfindet.

„Ach, aber ich mach das doch gerne!" wenden Sie ein. „Die Kinder haben so viel Spaß dabei!" Aber wie ist das, wenn *Ihre* Kinder nach Hause kommen? Ob sie wohl *Spaß* daran haben, inmitten all der Unordnung zu leben und morgens keine sauberen Socken zu finden?

Wir können nicht alles haben, und das brauchen wir auch nicht. Machen Sie sich das einmal klar, und Sie werden die Freiheit haben, ein ganz neues Leben zu beginnen. Sie brauchen nicht alles zu *tun*. Sie brauchen nicht alles *aufzuheben*. Sie brauchen nicht jeden Tag die Zeitung durchzulesen und das Kreuzworträtsel zu lösen. Nach einer gewissen Zeit bringen uns all das Zeug und die Aktivitäten, mit denen wir uns belastet haben, so durcheinander, daß wir überhaupt nicht mehr wissen, was wir brauchen oder wollen. Wir sind in einer Tretmühle der schlechten Gewohnheiten gefangen.

Halt! Steigen Sie ganz bewußt aus dieser Tretmühle aus. Treffen Sie jetzt die Entscheidung, daß Sie den einmal eingeschlagenen Weg *nicht mehr* weitergehen.

Irgendwann in der Vergangenheit haben Sie sich nach und nach entschieden, sich in die Tretmühle zu begeben. Heute können Sie wieder eine Entscheidung treffen — nämlich aus der Tretmühle auszusteigen. Sie haben die Wahl.

Vielleicht haben Sie Angst, auszusteigen — die Lebensart loszulassen, die Ihnen angeblich Wert verleiht und Ihnen Erfüllung schenkt. Womöglich befürchten Sie auch, einen Teil Ihrer Identität zu verlieren. Das Gegenteil ist der Fall: Nur, wenn Sie die Kontrolle über Ihr Leben übernehmen, werden Sie Ihr wahres Selbst finden.

Wenn Sie nicht aussteigen, sind Sie ein Opfer Ihrer Denkstrukturen. Niemand kann ermessen, wie einem Messie zumute ist, der eine solche Entscheidung treffen muß. Wir haben uns so an unsere destruktive Lebensart gewöhnt. Es gibt sicher Messies, die jetzt diese Zeilen lesen, und kaum daran zu denken wagen, diese destruktiven Verhaltensmuster loszulassen. Die Veränderung geschieht vielleicht unter Schmerzen — es werden womöglich Tränen fließen, zuerst Tränen des Verlustes und dann Tränen der Erleichterung. Fangen Sie doch einmal ganz mutig an, Ihre alten Denkmuster loszulassen, auch wenn es noch nicht ganz gelingt. Das macht nichts, solange Sie wissen, daß Sie zu Ihrer neu gewählten Lebensweise zurückkehren, sobald Sie wieder Mut gefaßt haben.

Bekämpfen Sie Ihre Ängste. Sagen Sie sich selbst laut vor, oder halten Sie schriftlich fest, daß Ihre Lebensqualität sich verbessern wird, wenn Sie Ihren selbstauferlegten Leistungsdruck aufgeben. Es tut Ihnen gut, etwas gelassener an die Dinge heranzugehen und sich nicht so intensiv mit jeder Kleinigkeit zu beschäftigen. Sie werden dadurch nicht Ihre Identität verlieren. Sie werden im Gegenteil die Würde und Selbstachtung wiedererlangen, die Ihnen in der Hektik Ihres alten Lebens abhanden gekommen ist.

Es gibt zwei Ansatzpunkte für eine Änderung der Lebensweise.

Manche Leser dieses Kapitels werden von einem Kampfgeist beseelt: „Dieses Haus wagt es, mir mein Leben zu zerstören?" rufen sie zornig, krempeln die Ärmel auf und stürzen sich in den Kampf. Diese Haltung ist sehr wichtig. Wenn wir wütend werden, kämpfen wir, um eine Veränderung herbeizuführen.

In Kalifornien hatte ein Frauenschänder sich vielen Frauen genähert und sie vergewaltigt. Niemand schien in der Lage, ihm Einhalt zu gebieten. Eine junge Frau joggte gerade, als dieser Mann sie von hinten ansprang, sie zu Boden warf und sich auf sie fallen ließ. Er war viel schwerer und stärker als die Frau, aber sie war zornig und empört. Sie würde kein Opfer sein, und verteidigte sich, so gut sie konnte. Sie hatte nur eine Hand frei, und alles, was sie tun konnte war, ihren Angreifer mit dieser freien Hand in die Kehle zu boxen. Das aber tat sie so nachhaltig, daß er von ihr abließ und sich vermutlich ein leichteres Opfer suchte. Die Frauen, die mir diese Geschichte erzählten, hielten einen Kurs über Selbstverteidigung. Sie berichteten, daß einige Frauen nicht bereit wären zu kämpfen. Manche Teilnehmerinnen äußerten, daß sie wohl bereit wären, für ihre Kinder zu kämpfen, aber Skrupel hätten, sich selbst zu verteidigen. Unsere Kinder sind wichtig, aber wir sind auch wichtig. Die Frauen lernten in diesem Kurs, daß Selbstachtung die Grundlage für Selbstverteidigung ist. Selbstachtung ist auch die Voraussetzung für unsere Selbstverteidigung gegen die Unordnung. Wenn wir uns selbst achten, werden wir kämpfen und den Kampf gewinnen.

Wenn wir uns ändern wollen, gibt es noch eine hilfreiche Einstellung, die einen Messie auf längere Sicht eher „am Ball bleiben" läßt als das Gefühl des Zorns, denn dieses Gefühl flaut vielleicht einmal ab. Aber zuweilen geschieht es, daß dem Messie in einem „lichten Moment" die ganze Lächerlichkeit seiner Situation zum Bewußtsein kommt. Auf einer Wolke der Selbstachtung schwebt er gleichsam über seinem Haus und schaut herunter. Er fühlt sich stark. Er lacht darüber, wie dumm er war, sich von diesem Haus beherrschen und besiegen zu lassen. Er wird das Haus nicht bekämpfen. *Wir kämpfen schließlich nur mit unseresgleichen,* sagt er sich. Er gibt diesem Problem nicht die Ehre eines gleichwertigen Kampfgenossen. Das Problem ist groß, aber er erkennt mit einem Mal, daß seine eigene Fähigkeit viel größer ist. Er fängt an, das Problem zu verbannen. Er vertreibt es nicht mit Gewalt. Er baut es einfach nach und nach ab. Langsam, aber sicher läßt er das Problem durch die Macht seines Denkens verschwinden. Er hat jetzt eine andere Einstellung zu sich selbst und seinem Haus bekommen. In gewissem Sinn liebt er sein Haus in eine Ordnung hinein. Diese innere Einstellung ist eine mächtige Kraft. Ganz gleich, wie schlimm die Unordung ist — einer solchen Macht kann sie nicht widerstehen. Vielleicht öffnet Ihnen dieses Buch die Augen für Ihre eigene Kraft.

Sie können das Leben leben, das Sie sich erträumen. Das Geheimnis liegt bei Ihnen.

8 Sechs strategische Schritte

Die Sehnsucht nach Veränderung trägt die Saat ihrer
Erfüllung in sich.

Napoleon Hill

Als Vertreterin der Anonymen Messies bin ich oft auf Reisen
und treffe die unterschiedlichsten Menschen, so auch die
bemerkenswerte Spezies, die als Cleanies bekannt sind.

Cleanies, die von den Anonymen Messies hören, können
nicht umhin, mir über den Zustand ihres Haushalts zu berichten.

„Mein Haus ist immer untadelig", informierte mich ein älterer Geschäftsmann mit spanischem Akzent. Ich war eigentlich
aus geschäftlichen Gründen zu ihm gekommen, aber er war zu
einem Thema abgeschweift, das ihn mächtig interessierte.

„Ich erwarte heute keinen Besuch, aber wenn Sie jetzt mit
mir nach Hause kämen, würden Sie mein Haus vorfinden wie
eine Abbildung in einer Zeitschrift. Ich trenne mich von Dingen — dauernd sortiere ich etwas aus. Ich ertrage keine Unordnung. Ich weiß nicht, warum das so ist. Ist wahrscheinlich eine
Art Krankheit."

Unzählige Male habe ich solche und ähnliche Gespräche
mit Cleanies geführt, die so gern über ihre schönen Häuser
sprechen. Für Cleanies zählt die momentane Ordnung ihres
Hauses oder ihrer Wohnung.

Wodurch unterscheiden sich Cleanies von Messies? Wenn
Sie diesen grundlegenden Unterschied verstehen, kennen Sie
das Geheimnis des Erfolgs. Cleanies gelingt es, ihren Haushalt
im Griff zu haben, weil sie von einem *Wunsch* beseelt sind —

einem starken, brennenden, stetigen und aufrechten Wunsch, zu jeder Zeit ein schönes Heim zu haben.

Da Sie dieses Buch lesen, verspüren Sie auch schon ein wenig von dieser Sehnsucht. Ist sie einmal stark genug, wird sie die Kraft sein, die Sie zur Veränderung treibt. Wir reden hier nicht von einem allgemeinen Wunsch oder einer vagen Hoffnung. Wenn Sie den künftigen Zustand Ihres Hauses vor Ihrem geistigen Auge sehen können, wenn Sie bereits die Freude verspüren, die Sie einmal über diesen Anblick empfinden werden, wenn Sie sich nicht vorstellen können, daß alles so weitergeht wie bisher – dann ist Ihre Sehnsucht so groß, daß Sie Erfolg haben werden.

1937 verfaßte Napoleon Hill ein kluges und tiefgründiges Buch mit dem aufsehenerregenden Titel *Think and Grow Rich* (Denke nach und werde reich. Die Erfolgsgesetze und ihre Nutzanwendung). Es erschien in zahlreichen Neuauflagen und ist immer noch ein Bestseller. Es war vermutlich das erste Buch über die Macht des Denkens, die uns zum Ziel unserer Wünsche führt, vorausgesetzt, wir wissen, was wir wollen – und das wissen wir ja! Wir wollen ein schönes, geordnetes Heim! So ist das, Mr. Hill! Mr. Hill hätte ein Buch schreiben sollen mit dem Titel *Think and Grow Neat* (Denke nach und werde ordentlich). Die Macht des Denkens läßt sich auf jedes Ziel anwenden, gesetzt den Fall, Sie wissen, was Sie wollen, und haben den Wunsch, es zu erreichen.

Es gibt sechs Schritte, die uns zum Ziel führen. Sie sind schon auf die verschiedensten Ziele angewandt worden. Wir werden sie uns zunutze machen, um unser Haus zu verschönern, weil das *unser* Ziel ist.

1. *Überlegen Sie genau, was Sie wollen.* Sagen Sie nicht: „Ich möchte mein Haus irgendwie verschönern." Überlegen Sie, was Sie eigentlich ändern möchten. Wollen Sie die eher „öffentlichen" Räume vorzeigbar gestalten, so daß jederzeit auch unerwartet Gäste kommen können? Oder möchten Sie es schön haben, damit Sie sich selbst daran freuen

können, wenn Sie zu Hause sind? Möchten Sie, daß das Haus aufgeräumt und ordentlich ist, so daß es Ihre Persönlichkeit widerspiegelt? Oder wollen Sie einfach nicht mehr ständig irgend etwas suchen? Vielleicht wünschen Sie sich das alles auf einmal? Was immer Sie wollen, treffen Sie jetzt eine Entscheidung. Halten Sie einen Moment inne, um sich Ihren Wunsch konkret klar zu machen. Sprechen Sie ihn laut aus, bevor Sie weiterlesen.

2. *Überlegen Sie, was Sie tun wollen, um diesen Wunsch Wirklichkeit werden zu lassen.* Es wird Sie etwas kosten, das Haus in Ordnung zu halten. Doch auch sein jetziger Zustand kostet Sie bereits einiges. Der Preis an vergeudeter Zeit, verlorener Selbstachtung, verschwendetem Geld, verlegten Papieren usw. ist ja schon sehr hoch. Entscheiden Sie, was Sie zu geben (oder aufzugeben) bereit sind, um zu erhalten, was Sie sich wünschen. Das ist Ihr Preis für ein schönes Zuhause.

3. *Setzen Sie sich eine Zeitgrenze.* Überlegen Sie, wann Sie Ihr Ziel erreichen wollen. Halten Sie inne und setzen Sie ein genaues Datum fest. Seien Sie realistisch. Ich brauchte dreieinhalb Monate, bis ich mein Haus nach der Mount Vernon-Methode umgestaltet hatte, und mein Haus ist nicht groß. Im Anschluß an die eben genannte Methode tritt das Kartensystem in Kraft (darüber später mehr). Sprechen Sie dieses Zieldatum laut aus.

4. *Machen Sie einen Plan.* Überlegen Sie genau, wie Sie Ihr Ziel erreichen wollen. Die Mount Vernon-Methode und ein paar täglich anfallende Arbeiten sind ein guter Anfang. Beginnen Sie jetzt gleich, auch wenn Sie glauben, daß Sie noch nicht ganz bereit sind. Überlegen Sie auch die weiteren Arbeitsschritte.

5. *Verpflichten Sie sich zu den oben genannten Schritten, indem Sie sie niederschreiben.* Nehmen Sie ein Blatt Papier und einen Stift zur Hand. Schreiben Sie genau auf, wie Sie sich Ihr Haus vorstellen und was Sie zu tun gedenken. Stecken Sie einen Zeitrahmen fest. Legen Sie den Zettel in dieses Buch, damit er nicht irgendwo verlorengeht. Sie können ihn auch auf dem Kühlschrank plazieren oder an die Pinnwand heften, aber heben Sie den Plan an einem festgelegten Platz auf.

6. *Lesen Sie sich Ihren Plan zweimal am Tag laut vor.* Lesen Sie ihn, wenn Sie am Morgen aufstehen und bevor Sie ins Bett gehen. Stellen Sie sich beim Lesen Ihr schönes Zuhause vor. Freuen Sie sich über dieses Bild, als sei es bereits Wirklichkeit geworden.

Jetzt haben Sie sich innerlich vorbereitet und können anfangen. Erfolg haben nur die, die dafür bereit sind.

So seltsam das klingen mag: Ihr bisheriges Versagen ist vielleicht gerade das auslösende Moment für Ihren Erfolg. Würden die Dinge nicht so schlimm stehen, wären Sie nicht so willig, sich zu ändern.

Ich selbst lebte dreiundzwanzig Jahre lang in einem frustrierenden Dauerzustand der Unordnung, der allmählich sehr lästig und unangenehm wurde. Eine undichte Stelle in der Wasserleitung war schließlich der Auslöser für eine grundlegende Veränderung. Ich hatte unter dem Waschbecken Stöße von Zeitungen gestapelt, „für alle Fälle". Die undichte Stelle vergrößerte sich nur langsam, aber da die Zeitungen das Wasser aufsaugten, bemerkte ich das erst, als der Boden eines Schrankes vermodert war. Das war die endgültige Demütigung. Mir wurde plötzlich klar, in welch unwürdige Lage mich mein falsches Denken gebracht hatte. Was hatte ich mir selbst angetan? Das war der Anfang vom Ende meines chaotischen Lebenswandels. Ich wußte nicht wie, aber mir war klar, *daß* ich mich verändern würde.

Wie sehr ich mich verändert habe, kann ich am Beispiel des heutigen Morgens schildern, als ich mit meinem Mann die Pläne für den Tag durchsprach.

„Ich gehe in die Unibibliothek, um ein paar Stunden zu schreiben", kündigte ich an.

„Das geht nicht", entgegnete mein Mann erstaunt. „Meine Mutter kommt heute und bleibt über Nacht. Mußt du nicht das Haus in Ordnung bringen?"

„Was muß denn getan werden?" gab ich zurück. „Das Bett ist gemacht. Das Geschirr ist im Geschirrspüler. Den Teppich habe ich gerade gesaugt, und die Möbel sind poliert. Es gibt nichts zu tun."

„Was ist mit der Toilette, der Wanne und dem Waschbecken im Bad?"

„Wir haben kein Waschbecken im Bad", erinnerte ich meinen Mann. (Wir hatten es ersetzen lassen, dabei war etwas falsch gemacht worden, so daß wir momentan tatsächlich kein Waschbecken haben — was die Reinigung des Bades natürlich erleichtert.)

„Na gut", meinte er. „Ich muß meine Bücher und Papiere ein bißchen in Ordnung bringen."

So sitze ich jetzt in der Bibliothek, schaue hinaus auf einen grünen, kurzgeschnittenen Rasen, an dessen Ende sich ein Teich befindet, in dem sich Bäume spiegeln. Meine Schwiegermutter kommt heute. Das Haus ist in Ordnung. Wie ist mein chaotisches Leben, in dem alles „drunter und drüber" ging, an diesen Punkt gekommen?

Es begann, als der Schrank unter meinem Waschbecken vermoderte.

Ich war wie der Journalist in dem Film Network, der brüllte: „Ich bin wütend, und mir reicht's jetzt!" Die Verlegenheit, die Enttäuschung und der Ärger machen einer eiskalten Entschlossenheit Platz, das Leben zu verändern. Und das tun wir dann auch.

Schlimm ist, daß mein langmütiger Ehemann zuweilen immer noch von Angst befallen wird, die aus all den Jahren herrührt, in denen er mit meinem Chaos leben mußte. Das zeigt, wie sehr wir mit unserem Lebensstil auch unseren Mitmenschen das Leben schwer machen.

„Vor Tagesanbruch ist die Finsternis am größten." Das ist so, weil wir nur ein bestimmtes Maß an Finsternis ertragen können. Dann lassen wir den Morgen dämmern. Sind Sie für den Tagesanbruch bereit? Werden Sie alles tun, damit der Morgen anbricht – und zwar möglichst bald? Das ist Sehnsucht. Ohne sie geht es nicht.

Gedanken haben eine große Macht. Wir schaffen uns die Lage, in der wir uns befinden, durch unser Denken. Wie der Flaschengeist, der aus einer Dampfwolke entsteht, nehmen unsere Gedanken sichtbare Gestalt an. Die Wirkung unseres Denkens tritt ein, ob unsere Gedanken positive oder negative Inhalte haben. Wenn Sie Ihre Gedanken auf Ordnung richten, wird diese Ordnung an Ihrem Haus sichtbar. Wenn Ihr Denken nicht auf Ordnung gerichtet ist, wird die Leere mit ungeordneten Gedanken gefüllt werden, und Ihr Haus wird dementsprechend aussehen. Entscheidend ist Ihr Wunsch, in Schönheit und Ordnung zu leben. Wenn Sie sich das vorstellen können, werden Sie es auch erreichen.

Kommen Sie nun auf die sechs praktischen Schritte am Beginn dieses Kapitels zurück. Es ist sehr wichtig, daß Sie diese genau befolgen, damit Sie vor Ihrem geistigen Auge die Ziele sehen, die Sie erreichen wollen.

Es wird nicht immer alles glattgehen. Entmutigungen und Fehlschläge bleiben nicht aus. Lassen Sie sich nicht irremachen. Jedes Versagen trägt den Keim des Erfolges in sich.

Sie besitzen noch eine weitere Persönlichkeit, die anders ist als die, mit der Sie bis jetzt gelebt haben. Sie hat ihren Haushalt erfolgreich und kompetent im Griff. Das ist keine neue Persönlichkeit, sondern ein Teil Ihrer Persönlichkeit, der schon immer vorhanden war. Dieser Teil hat die Fähigkeit und Kraft, Schönheit und Ordnung zu schaffen.

Seien Sie offen sich selbst gegenüber. Rechnen Sie mit der Möglichkeit des Erfolges. Er wird sich einstellen.

Jetzt sind Sie dran:

Die sechs strategischen Schritte, um Ihr Ziel zu erreichen:

1. Überlegen Sie genau, was Sie wollen.

2. Entscheiden Sie, was Sie tun wollen, um Ihr Ziel zu erreichen.

3. Erstellen Sie einen zeitlichen Rahmen.

4. Machen Sie einen Plan.

5. Halten Sie Ihre Absichten schriftlich fest.

6. Lesen Sie sich Ihren Plan zweimal täglich laut vor.

Nutzen Sie diese Seiten, um Ihre Ziele darzulegen.

1. Schritt. Dies sind meine Ziele:

_____

_____

_____

_____

_____

2. Schritt. Um meine Ziele zu erreichen, bin ich zu folgenden Veränderungen in meinem Leben bereit:

_____

_____

_____

_____

_____

3. Schritt. Wann will ich meine Ziele erreichen? (Nennen Sie genaue Daten; seien Sie realistisch.)

_____

_____

_____

_____

_____

4. Schritt. Zur Erreichung meiner Ziele werde ich folgendes
tun:

_____

_____

_____

_____

_____

5. Schritt. So, das hätten Sie geschafft!

6. Schritt. Lesen Sie sich diesen Plan nun zweimal täglich laut
vor — nach dem Aufstehen und vor dem Zubett-
gehen. Sie sind auf dem Weg!

9　Verändern Sie Ihr Denken

Gedanken beherrschen die Welt.

Ralph Waldo Emerson

Was wir uns dauernd und wiederholt einreden, wird ein Teil unseres Selbst, ob es nun der Wahrheit entspricht oder nicht. Sobald wir diese Aussagen jedoch verinnerlicht haben, werden sie wahr. Weil Gedanken so mächtig sind, können sie Dinge geschehen lassen. Wenn sie einmal Wurzel schlagen, wachsen sie und ziehen Gedanken ähnlicher Art an. Bald wird die Fülle der Gedanken zu einer übermächtigen Kraft. Wenn wir uns einreden, daß etwas Bestimmtes getan werden kann, wird es getan werden. Es muß getan werden. Es ist bereits getan. Wir brauchen diesen Gedanken nur auszuführen.

Lassen Sie mich das an einem Beispiel erklären. Ich habe ein merkwürdiges Problem mit meinem Gewicht. Offensichtlich macht es einem Teil von mir nichts aus, daß ich fünf Kilo mehr wiege, als ich es von meinem Verstand her eigentlich will. Ich weiß, daß das so ist, denn als ich mich das letzte Mal auf die Waage stellte, hatte ich ungefähr zwei Kilo verloren. *Ich brauche also nur noch drei Kilo abzunehmen,* sagte ich mir. Doch ein anderer Teil meines Selbst sagte: *Das heißt, du kannst mehr essen. Du kannst zwei Kilo zunehmen und siehst immer noch gut aus.*

Ich nehme an, daß wir alle bei manchen Dingen widersprüchliche Gefühle haben. Auf der einen Seite möchte ich drei Kilo weniger wiegen, andererseits habe ich das Gefühl, daß ich auch zwei Kilo mehr wiegen könnte.

Was den Haushalt betrifft, so möchte ich einerseits ein schönes, aufgeräumtes Haus haben, andererseits aber ein ungezwungenes, lässiges Leben führen. Die Frage ist: „Welcher Wunsch gewinnt?" Es wird sich der Wunsch durchsetzen, mit dem sich meine Gedanken am meisten beschäftigen.

In bezug auf mein Gewicht habe ich eine gute Methode gefunden, um meinen Wunsch zu steuern. Ich benutze eine Tonkassette, um mein Wunschziel zu verstärken. Ich bestätige mir zweimal täglich, daß ich drei Kilo abnehmen möchte. Mein Gewicht sinkt nun langsam, aber sicher.

Diese Selbsthypnose ist nichts weiter als eine Methode, die mir hilft, meinen Wunsch und Plan zum Abnehmen zu verstärken. Ich tue mir etwas Gutes, wenn ich diese Kassette höre. Es hilft mir, der Mensch zu sein, der ich eigentlich sein will.

Um eine solche Kassette herzustellen, schreiben Sie Ihre Aussagen nieder, lassen in einem ruhigen Raum langsame Barockmusik abspielen und sprechen nun Ihre Sätze auf eine Kassette. Lassen Sie die Aussagen persönlich klingen, indem Sie die Worte *ich, mir, mich* oder *mein* benutzen. Formulieren Sie nur bejahende Aussagen in der Gegenwart, wie:

Ich entspanne mich.

Ich fühle, wie sich meine Muskeln entspannen und erwärmen.

Ich atme regelmäßig.

Mein Herz schlägt langsam.

Ich bin jetzt ganz entspannt.

Ich bin ein Mensch von großer Würde.

Ich bin ein sehr wertvoller Mensch.

Es ist schön zu leben.

Ich leiste viel Gutes für diese Welt.

Ich habe ein glückliches und positives Gefühl, wenn ich an mein Leben denke.

Mein Haus ist schön und aufgeräumt.

Ich bin gerne hier.

Sonne und Luft beleben mich selbst und mein Heim.

Ich freue mich über die Möglichkeiten meines Lebens und über das, was ich erreiche.

Mein Heim ist schön und aufgeräumt. Der Aufenthalt in meinem Haus gibt mir Stärke und Energie.

Ich danke Gott für mein Leben und für diesen Tag.

Wiederholen Sie jede Aussage dreimal. Die Musik sollte etwas lauter sein als Ihre Stimme. Ihre Aussagen sollten deutlich hörbar, aber nicht beherrschend sein. Spüren Sie beim Zuhören die Freude über den Erfolg.

Während Sie sich entspannen, nimmt Ihr Geist Ihre Aussagen auf. Sie belügen sich nicht. Sie hören nur auf Ihr „anderes Selbst", das sich ein schönes Haus wünscht, und das Erreichen der gesteckten Ziele.

Sie und ich sprechen immer mit uns selbst, ob mit oder ohne Kassettenrecorder. Häufig denken wir negative, destruktive Gedanken, die uns schwach und untauglich machen. Besonders Messies, die hohe Leistungsqualität anstreben, müssen sich immer wieder Positives sagen, damit sie sich nicht selbst irreführen. Mit dieser Methode gehen Sie sicher, daß Sie mit Ihren Gedanken auf dem richtigen Weg sind.

Welche Methode Sie auch benutzen, ob Sie sich Ihre Ziele zweimal täglich laut vorlesen, wie ich es im letzten Kapitel beschrieben habe, ob Sie selbst eine Kassette besprechen oder eine Kassette mit einem Autosuggestionsprogramm kaufen —

eine deutliche und wiederholte „Umschulung" Ihres Denkens ist entscheidend für Ihren Erfolg.

Ich hörte einmal ein Radiointerview mit einem außerordentlich erfolgreichen Mann. Als er nach dem Geheimnis seines Erfolgs befragt wurde, berichtete er, daß er als Kind von seinem Vater angehalten worden sei, ein kleines Gedicht auswendig zu lernen. All die Jahre hindurch ging ihm dieses Gedicht nicht aus dem Sinn. Seine Aussage ist, daß Erfolg möglich sei, selbst wenn alles dagegenspricht. Obwohl andere ihn manchmal entmutigten, erreichte dieser Mann dennoch, was er sich vorgenommen hatte. Das, so meinte er, habe er größtenteils diesem Gedicht zu verdanken.

It Couldn't Be Done

Somebody said that it couldn't be done,
But he with a chuckle replied,
That „maybe it couldn't", but he would be one
Who wouldn't say so till he'd tried.
So he buckled right in with the trace of a grin
On his face. If he worried he hid it.
He started to sing as he tackled the thing
That couldn't be done, and he did it.

Edgar A. Guest

Das ist unmöglich

Jemand sagte, das sei unmöglich,
doch er erwiderte schmunzelnd,
„vielleicht" – aber ich weiß es nicht,
bis ich's versucht hab.
So packte er's schmunzelnd an.
Falls er sich sorgte,
so zeigte er's nicht.
Singend nahm er sich das Unmögliche vor,
und es gelang.

Immer, wenn er vor einer neuen Herausforderung stand, kam ihm dieses kleine Gedicht in den Sinn. Sein Vater hatte ihm ein großes Geschenk gemacht – das Bewußtsein um die Macht der Gedanken. Solche kraftvollen Gedanken führen zu konkreten Zielen und Plänen und letztendlich zum Erfolg.

Um Ihren Wunsch weiter zu verstärken, brauchen Sie Hilfe von außen. In der Zusammenarbeit mit anderen liegt eine große Kraft. Einzelne Kohlen verlieren ihre Hitze viel schneller, als wenn sie aufeinandergehäuft sind. Sie können sich natürlich auch alleine verändern. Aber es ist viel besser, wenn Sie einen Mitstreiter finden. Hier haben wir einen Fall, wo eins plus eins mehr ist als zwei. Die innere Verbindung zwischen Menschen, die gemeinsam ein Ziel anstreben, wird irgendwie zu einer dritten Kraft. Wenn in einer Selbsthilfegruppe mehr als zwei Leute sind, die gemeinsam auf ein Ziel zugehen, ist das eine sehr starke Kraft zur Veränderung. In den Selbsthilfegruppen der Anonymen Messies soll diese Kraft zu Ihren Gunsten genutzt werden. Schon zwei oder drei können eine Selbsthilfegruppe gründen.

Für diejenigen, die keine Selbsthilfegruppe in ihrer Nähe haben und auch keine gründen wollen, mag Briefeschreiben eine Hilfe sein. Viele wichtige Pläne sind schon in Briefen formuliert und ins Leben gerufen worden. Der Gedanke an den Zusammenschluß der dreizehn Kolonien wurde durch die Korrespondenz der späteren Revolutionsführer geboren. Wenn Sie sich also gerne schriftlich äußern, schreiben Sie einem Messie, der ebenfalls die Absicht hat, sein Leben zu ändern.

Unser Denken muß sich so grundlegend verändern, daß wir uns nicht mehr mit einem chaotischen Haushalt zufriedengeben und nur ein schön gestaltetes, geordnetes Haus unseren Ansprüchen genügt. Nur durch eine umwälzende Wandlung unseres Denkens werden wir genug Ausdauer haben, um unsere Pläne tatsächlich durchzuführen — und das wird nicht immer leicht sein.

Es werden Zeiten kommen, in denen Sie den Mut verlieren und glauben, daß Ihre Anstrengungen doch nicht der Mühe wert sind. Es wird die Zeit kommen, in der Sie von Familie oder Freunden kritisiert werden, und die mangelnde Mitarbeit der Familie entmutigend ist.

Ihnen werden viele Einwände in den Sinn kommen, um Ihr Vorhaben aufzugeben:

Ich habe nicht genug Energie.
Ich habe nicht genug Zeit.
Mein Wunsch ist nicht stark genug.

Mein Haus ist zu klein.
Mein Haus ist zu groß.
Meine Familie ist zu unordentlich.

Eine starke Sehnsucht nach Veränderung wird einen Messie „bei der Stange halten", wenn solche Zeiten der Entmutigung kommen. Ohne Ausdauer gibt es keinen Erfolg.

Erinnern Sie sich an die Kapitelüberschrift: „Sieger oder Besiegter: das liegt an Ihnen"? Sie sind der einzige, der eine Veränderung bewirken kann. Ihre Sehnsucht nach Veränderung ist wie ein neugeborenes Baby. Füttern Sie sie, stärken und schützen Sie sie, so wird diese Sehnsucht sich zu einem starken, dauerhaften und befriedigenden Lebensstil entwikkeln.

Rechnen Sie nicht mit der Möglichkeit des Versagens. Als ich begann, mich zu verändern, war ich unzählige Male versucht, aufzugeben und zu meiner alten Lebensweise zurückzukehren. Aber das tat ich nicht, weil dieser alte Lebensstil so belastend für mich war. Ich war entschlossen, nie wieder ein solches Leben zu führen. Nur eine so entschiedene Haltung und eine grundlegende Umgestaltung unseres Denkens führt zum Erfolg.

10 Aktivitäten – oder weshalb Messies so beschäftigt sind

Niemals zuvor hatten wir so wenig Zeit, um so viel zu tun.

Franklin D. Roosevelt

Die meisten Messies sind sehr beschäftigt. Wir hetzen von einer Aktivität zur anderen, in dem Bestreben, unsere Zeit mit lohnenden Aufgaben zu füllen. Vielleicht sind ein paar überaus gut organisierte Leute in der Lage, so viele Tätigkeiten zu bewältigen, ohne daß ihr Leben aus den Fugen gerät. Aber Messies können das nicht. Ausgestattet mit einer Persönlichkeitsstruktur, der das Organisieren schwerfällt, gerät das Leben von Messies unter einem solchen Leistungsdruck ins Wanken.

Warum arbeiten wir so schwer? Warum sind wir dauernd beschäftigt?

Dafür gibt es verschiedene Gründe, von denen einige lobenswert, andere aber fehl am Platze sind.

Stolz

Je beschäftigter wir sind, desto höher werden wir in unserer Gesellschaft geachtet. Betreten wir die Praxis eines Arztes, dessen Wartezimmer bis zum letzten Stuhl besetzt ist, steigt unsere Hochachtung vor diesem Arzt. Wenn wir auch sehr lange warten müssen und der Arzt vielleicht kaum Zeit für uns hat, denken wir immer noch: *Das muß ein guter Arzt sein, er hat so viele Patienten.*

Geschäftigkeit bedeutet, daß wir gebraucht werden. Falscher Stolz und der Wunsch, anderen zu imponieren, führt dazu, daß wir uns töricht benehmen. Unsere Pläne, unser persönliches Leben, unsere im Grunde positiven Tätigkeiten leiden darunter. Man nimmt Notiz von uns, und wir werden bewundert. Geschäftigkeit wird von der Gesellschaft anerkannt. Aber zu welchem Preis haben wir unser Ego aufgeplustert!

Faulheit

Es macht Mühe und braucht Kraft, meine Zeit zu organisieren. Ein Messie, der es gern allen recht machen will, braucht Disziplin, um Leuten „nein" zu sagen, die ihre Zeit und Energie für ihre dringenden Angelegenheiten in Anspruch nehmen wollen. Dazu gehören auch unsere Kinder und unser Ehemann. Selbstverständlich dürfen und sollen wir anderen helfen. Aber nur innerhalb der Grenzen, die wir selbst gesetzt haben. Wir müssen uns gemäß unserer Prioritäten einen Zeitplan erstellen und nur die Aufgaben übernehmen, die in diesen Plan passen.

1984 erschien von Gordon McDonald ein ausgezeichnetes Buch *Ordering Your Private World* (Wie Sie Ihr Privatleben in Ordnung bringen). In diesem Buch berichtet er, wie er seinen Zeitplan in den Griff bekam. Er plant seine Zeit jeweils acht Wochen im voraus. Er plant Zeit zum Lesen, zur Meditation, Zeit für seine Familie und Freunde und Zeit zum Studium.

Wenn jemand seine Zeit in Anspruch nehmen will, schaut er in seinen Kalender. Wenn die erbetene Zeit bereits verplant ist, versucht er, eine Alternative zu finden, die besser in seinen Zeitplan paßt. Er setzt seine Prioritäten zu einem frühen Zeitpunkt. Andere Pläne müssen sich diesen Prioritäten unterordnen.

Es wäre so viel leichter, einfach das zu tun, was Tag für Tag auf uns zukommt – auf die unmittelbaren Bedürfnisse unserer Mitmenschen zu reagieren. Das ist der Ausweg der Faulheit und unproduktiv dazu. Wir haben dann nämlich keine Zeit, das zu erledigen, was für uns wichtig ist, und dazu gehört die Gestaltung unseres Zuhauses.

Lebensfreude

Messies sind im allgemeinen sehr kreative, kontaktfreudige und begeisterungsfähige Menschen. Wir neigen zur Übertreibung, sind allzu überschwenglich. Wie Kinder in einem Spielzeuggeschäft sehen wir das Leben voll von herrlichen Aktivitäten und Möglichkeiten, an denen wir uns erfreuen können. Wir möchten Hobbies pflegen und künstlerisch tätig sein. Wir bringen es nicht fertig, die Gelegenheit, an einem Seminar teilzunehmen, zu verpassen. Natürlich sind auch die Aktivitäten unserer Kinder wichtig, und es macht solchen Spaß, mit ihnen etwas zu unternehmen. Wie ein Kind im Spielwarengeschäft am liebsten alles einpacken würde, packen wir alle Aktivitäten in unseren Zeitplan, die uns gerade interessant erscheinen. Wir vergessen, daß wir einmal dafür bezahlen müssen. Nichts ist umsonst. Wir bezahlen für diese Aktivitäten mit unserer Zeit und Kraft. Wenn wir zuviel dafür zahlen, bleibt uns keine Zeit und Kraft mehr für die wesentlichen Dinge des Lebens.

Als Folge davon wird unsere Familie sich mit einem weiteren Fertiggericht begnügen müssen, der Abwasch bleibt ein wenig länger liegen, und wir fangen an, Abstriche an den Grundlagen zu machen, die unsere Lebensqualität bestimmen. Wenn aber die Familie und unser Zuhause nicht richtig versorgt sind, verlieren jene anderen, an sich guten Aktivitäten auch ihren Glanz.

Sobald sich die Lage an der „Heimatfront" verschlechtert, setzt eine merkwürdige Entwicklung ein. Wir verlagern unsere Aktivitäten noch stärker nach draußen. Wer wollte auch in diesem Haus bleiben? Wir hängen Tagträumen nach und lesen Bücher. Als Folge verschlechtert sich der Zustand unseres Hauses immer mehr.

Daß wir überbeschäftigt sind, erkennen wir daran, daß wir Verabredungen vergessen, Sachen verlieren, wichtige Anrufe nicht erledigen, Dinge aufeinanderstapeln, die Fristen für die Verlängerung unseres Ausweises verstreichen lassen, vergessen, Schecks einzutragen und viel Zeit mit unnützen Dingen verbringen, nur um uns einzureden, wir brächten alles in Ordnung. Eine so übereifrige Hausfrau wird beispielsweise gründlich ihren Herd putzen, während in ihrer Küche ein wüstes Durcheinander herrscht. Am Ende des Tages wundert sie sich dann, weshalb das Haus so schlimm aussieht, nachdem sie so hart gearbeitet hat. Wir springen von einer Aktivität zur anderen, um „Löcher zu stopfen".

Schon bald beginnt der Streß eines solchen Lebensstils seinen Tribut zu fordern. Wir werden langsam nervös, weil uns die Dinge entgleiten. Uns beschleicht das unangenehme Gefühl, daß wir in Schwierigkeiten sind und nichts davon wissen. Haben wir den Ausweis schon verlängern lassen? Würden wir den Verbandkasten finden, wenn sich ein Kind verletzt? Liegt der Verrechnungsscheck in irgendeinem Stapel, oder haben wir ihn versehentlich weggeworfen? Ist noch nasse Wäsche in der Waschmaschine? Haben die Kinder saubere Kleidung für die Schule? Wir wachen jetzt schon früh am Morgen auf und machen uns Sorgen.

Auch unsere Familie wird nervös. Wenn die Kinder jeden Morgen ihre Kleider suchen und hoffen müssen, daß noch saubere da sind, und als Folge davon den Schulbus verpassen, haben wir sie aus der Fassung gebracht. Wenn der Scheck „platzt", weil wir unsere Finanzen nicht im Griff haben, gerät unser Ehemann aus der Fassung. Wenn sich solche Begebenheiten häufen, werden sie zu einem Alptraum.

Weil wir so überbeschäftigt sind, leiden auch unsere persönlichen Beziehungen. Unsere Gespräche verkümmern zu bloßer Reaktion, es findet kein befriedigender Gedankenaustausch mehr statt. Messies sind mit einem überladenen oder ungeplanten Zeitplan überfordert. Wir müssen unsere Aktivitäten so weit zurückschrauben, bis wir so „unbeschäftigt" sind, daß unser Leben wieder Qualität erhält. Vielleicht müssen Sie Ihre Aktivitäten zunächst einmal ganz radikal einschränken, um sie dann wieder langsam aufzustocken. Tun Sie das mit Bedacht!

Es gibt einen Messietypus, der nicht überbeschäftigt ist. Er leidet an einem Burnout-Syndrom. Dieser Messie hat sich so

schwer und so lange erfolglos abgerackert, daß er seine Bemühungen ganz aufgegeben hat. Womöglich hat er eine solche
seelische Erschütterung erlitten, daß er depressiv wurde und
nun völlig lahmgelegt ist. Er hat keinen vollen Terminkalender
mehr. Er hat sich von allem zurückgezogen.

Der immer noch überbeschäftigte Messie und der, der alles
aufgegeben hat, haben eines gemeinsam: Sie sind aus tiefster
Seele unzufrieden mit sich selbst. Das Leben macht keinen
Spaß mehr. Der vielbeschäftigte Messie nimmt sich nicht die
Zeit, sich das einzugestehen. Der zurückgezogene Messie
unterdrückt dieses Gefühl. Aber die Unzufriedenheit ist da
und muß ans Licht gebracht werden, bevor sich etwas ändert.
Solange wir nicht erkennen, wie sehr uns diese unzähligen
Aktivitäten schaden, werden wir immer so weitermachen.

Wir haben also beschlossen, unsere Aktivitäten einzu-
schränken, so wie wir uns mittels der Mount Vernon-Methode
von überflüssigen Dingen trennen. Es fällt uns aber schwer zu
entscheiden, welche Aktivitäten aufgegeben werden sollen.
Manche Messies glauben, daß sie jetzt schon nur das Allernö-
tigste tun, und können sich nicht vorstellen, welche Tätigkeit in
Zukunft gestrichen werden kann. Alles was sie tun, erscheint
Ihnen so wichtig.

Lassen Sie mich von einer Erfahrung berichten. Als meine
Tochter Lucy gerade geboren war und vom Krankenhaus nach
Hause kam, entwickelte sie eine beunruhigende Gewohnheit.
Sie konnte schlecht einschlafen und wachte, wenn sie einmal
eingeschlafen war, dauernd wieder auf. Obwohl ich sehr
beschäftigt war, nahm ich mir bewußt Zeit für sie: Ich wiegte
sie in den Schlaf und legte sie in ihr Bettchen, nur um ein paar
Minuten später zu einem schreienden Baby zurückzukehren.

Vor Lucys Geburt hatte ich beschlossen, daß das Baby mich
in keiner Weise in meinen Aktivitäten behindern würde. Ich
würde das alles unter einen Hut bringen. Dieses Schlafpro-
blem war eine große Herausforderung. Meine wichtigen Vorhaben litten darunter.

In meiner Verzweiflung rief ich Dr. Wilson an. Wir lebten
zu der Zeit im nördlichen Indiana auf dem Lande. Das

Telephonnetz war veraltet. Ein Anruf bei Dr. Wilson, der nur einige Kilometer weiter in Columbia City wohnte, glich einem Ferngespräch. Die Verbindung war schlecht. Mit lauter Stimme erläuterte ich mein Problem.

„Es scheint so, als hätte sie Alpträume", rief ich durch den Hörer.

„Das ist durchaus möglich", krächzte er zurück und sprach von Maßnahmen, die ich ergreifen sollte.

„Dr. Wilson!" entgegnete ich, und versuchte, mich verständlich zu machen. „Ich glaube, ich habe Sie nicht richtig verstanden. Es klang so, als hätten Sie vorgeschlagen, ich solle das Baby acht *Stunden* lang im Arm halten."

„Genau das habe ich gesagt. Ich glaube, das ist die Lösung Ihres Problems", erwiderte er nur allzu deutlich.

Meine ganze Geschäftigkeit kam mit einem Ruck zum Stillstand. Meine Tochter und ich bekamen nun sehr viel Erholung. Sie schlief und ich sah fern. Wir waren beide glücklicher und ruhiger. Meinen vollen Terminkalender konnte ich vergessen. Aber es ging uns beiden besser.

Vielleicht haben Sie auch schon einmal erlebt, daß Ihre Geschäftigkeit durch einen gebrochenen Arm oder irgendeinen Notfall für eine Weile zum Stillstand kam. Überraschenderweise hat das keine dramatischen Folgen. In den meisten Fällen kommt man sehr gut ohne Sie aus. (Wenn man weiß, daß Sie die Arbeit nicht tun können, werden Ihre Aufgaben von anderen erledigt.) Wenn Sie Ihre Aktivitäten reduzieren, ist das ein wenig so, als würden Sie Urlaub nehmen. Man kommt dann auch ohne Sie zurecht. Sie müssen nicht alles tun. Wenn Sie nun keinen Urlaub machen, müssen Sie klarstellen, daß Sie von anderen die Übernahme Ihrer Aufgaben erwarten, wenn Sie wollen, daß diese erledigt werden sollen.

Wir müssen auch unseren Terminkalender der Mount Vernon-Methode unterwerfen. Geben Sie alle Aktivitäten auf, die Ihr Leben in Unordnung bringen. Wir geben auch alte Kleidung weg, oder nicht? So überlassen wir also all die Tätigkeiten, die wir nicht mehr tun wollen, jemand anderem, oder sie werden gar nicht getan. Was für eine Erleichterung wird das sein!

Wenn unser Leben wieder klarere Strukturen annimmt, sind wir ruhiger und glücklicher. Wir sind zuversichtlich, daß wir das Leben im Griff haben. Das Beste ist, daß wir dann Zeit haben für uns selbst – zum Lesen, Nachdenken, Planen und Träumen. Auf meinem Schlüsselanhänger stehen folgende Zeilen des Dichters William Cowper aus dem achtzehnten Jahrhundert:

A life all turbulence and noise may seem
To him that leads it wise and to be praised.
But wisdom is a pearl with most success
Sought in still waters.

Dem, der es weise führt und drum gepriesen wird,
erscheint das Leben wohl als Aufruhr und Geschrei.
Weisheit ist nämlich eine Perle,
die man in stillem Wasser findt'.

Kleine Minuten: kurze Zeiteinheiten, die nach oder mitten in einer größeren Arbeit entstehen.

„Kleine Minuten" treten auf, wenn Sie auf jemanden warten, das Essen fertig ist, aber die Kinder noch nicht zu Hause sind, wenn Sie in einer Schlange stehen, in einem Verkehrsstau stecken oder im Wartezimmer des Arztes sitzen.

Bekanntestes Beispiel für „kleine Minuten" ist ein Werbespot im Fernsehen. In dieser Zeit können die meisten Amerikaner einen Drei-Minuten-Imbiß zubereiten.

Andere Beispiele sind: Bettenmachen, während die Kaffeemaschine läuft, Briefe schreiben, während man auf einen Termin wartet, das Waschbecken putzen und den Spiegel wischen, während man darauf wartet, daß sich der Lockenstab erwärmt, Geschirr spülen, während sich die Familie zum Essen einfindet.

Effektiv genutzt, schenken uns „kleine Minuten" viele Stunden Vergnügen und Entspannung.

11 Beeil dich und warte –
warum Zeitmanagement-
Techniken nicht funktionieren

Verzögerung ist die Kunst, mit dem Gestern Schritt zu halten.
Donald Robert Perry Marquis

Es gibt unzählige Bücher zum Thema Zeitmanagement auf dem Markt. Dem Messie sind sie jedoch nur von geringem Nutzen, denn sein Problem ist, daß er Aufgaben vor sich herschiebt. So wird er auch zögern, solche Zeitmanagement-Techniken anzuwenden. Diese Zauderer verstehen jedoch in der Regel selbst nicht, warum sie so handeln.

Zauderer haben ein gestörtes Zeitgefühl. Bis zu einem gewissen Grad leben sie tatsächlich außerhalb von Zeitbeschränkungen. Ich trage keine Uhr und weiß fast nie das aktuelle Datum. Ich schaue Zeit und Datum nur nach, wenn es mir wichtig erscheint. Hier fehlt mir jedoch oft die richtige Einschätzung. Das war auch der Grund, weshalb ich fast den ersten Schultag verpaßt hatte.

Für den Zauderer ist die Zeit unberechenbar. Für einen Messie verstreicht die Zeit meist langsamer als für andere Leute, und er ist selbst überrascht, daß er eine Aufgabe so lange vor sich hergeschoben hat. Manchmal kommt es vor, daß sich die Zeit unerwartet beschleunigt. Er dachte, er hätte genügend Zeit für eine bestimmte Arbeit, aber dann merkt er, daß die Zeit zu schnell verstrichen ist, um die Arbeit fertigzustellen. Die Frist ist abgelaufen.

Zauderer leiden an einer Vielschichtigkeit des Denkens, die sie hindert, das zu tun, was in ihrem eigenen Interesse liegt. Sie leiden auch an einer geringen Selbstachtung. Das Hinauszögern einer Aufgabe ist eine Möglichkeit, ihren Selbstwert vor Erniedrigung zu bewahren.

Auf der anderen Seite haben solche Zauderer oft das Gefühl, daß sie sehr fähig sind und durchaus in der Lage, viele hervorragende Dinge zu leisten, wenn sie erst einmal einen „Anlauf nehmen" würden. Auf Anfrage geben sie sogar zuweilen zu, daß sie in bestimmten Bereichen große und geniale Gedanken hegen. Sie sind auf ihre Weise Perfektionisten.

Weil das so ist, brauchen Messies lange Zeit, um zu entscheiden, was sie eigentlich tun wollen. Nachdem sie sich entschieden haben, warten sie noch ein wenig ab, ob ihre Entscheidung sich nicht mit der Zeit als falsch herausstellt. Mit solcher Grübelei vergeht viel Zeit. Doch solches Zögern erscheint dem gründlichen Messie, der ohnehin eine geringe Selbstachtung hat, durchaus vernünftig. Er möchte auf keinen Fall einen Fehler machen.

Geringe Selbstachtung gepaart mit Perfektionismus ist ein sicheres Rezept für Versagen. Lassen Sie mich das an einigen Beispielen verdeutlichen.

Joan möchte ihr Haus renovieren. Sie verbringt Stunden damit, Kataloge durchzublättern, in einschlägigen Geschäften zu stöbern und Einrichtungshäuser anzusehen. Sie beschäftigt sich schon eine ganze Weile mit diesem Projekt, aber das Haus wartet noch immer auf seine wunderbare Verwandlung. Was ist der Grund dafür? Joan ist sich nicht sicher, ob sie überhaupt in der Lage ist, das Haus zu renovieren oder das Haus dann in dem verschönerten Zustand zu erhalten. Als Ersatz für das tatsächliche Renovieren redet sie über ihre Pläne und zeigt ihren Freunden Ausschnitte aus Katalogen und Zeitschriften als Beweis für die Aufrichtigkeit ihres Vorhabens. Weil sie befürchtet, daß sie dieser Aufgabe doch nicht gewachsen ist, macht sie sich nie wirklich an die Arbeit. Niemand kann sie wegen ihrer schlechten Arbeit kritisieren, wenn sie diese Aufgabe nie verwirklicht.

Joan sagt sich, daß sie zuerst das Haus in Ordnung bringen muß, bevor sie daran denken kann, es zu verschönern. Hier sehen wir eine Kombination ihrer geringen Selbstachtung und ihres Perfektionismus. Durch ihr Zaudern hat sie ihre Selbstachtung vor Verletzung geschützt.

Mary möchte ihr Haus in Ordnung bringen. Sie glaubt jedoch, sie müsse andere Arbeiten zuerst erledigen. *Das Äußere des Hauses bekommen mehr Leute zu Gesicht als das Innere,* sagt sie sich, und tut das, was sie gut kann – sie arbeitet in ihrem Garten. Niemand ahnt, wie das Innere des Hauses aussieht. Sie kann im Inneren nichts falsch machen, weil sie dort gar nicht erst anfängt. Der Garten nimmt ihre ganze Zeit und Energie in Anspruch. Sie redet sich ein, daß sie das Innere des Hauses wunderschön gestalten würde, wenn sie erst einmal dazu käme. Ist nicht der herrliche Garten ein Beweis ihrer Fähigkeit? Hat sie einmal Gäste eingeladen, fängt Mary spät mit den Vorbereitungen an und bringt rasch die Räume oberflächlich in Ordnung, die die Gäste zu sehen bekommen. Hätte sie nur mehr Zeit gehabt, sagt sie sich, so hätte sie das Haus gründlich gereinigt. Es ist nicht so, daß sie nicht in der Lage wäre, ein schönes Haus zu präsentieren – das Problem war ihr Zeitmangel. Durch ihr Zaudern hat sie ihre Selbstachtung bewahrt. Sie hat Angst, zu versagen. Marys haushälterische Fähigkeiten standen nie auf dem Prüfstand. Sie macht erst gar nicht den Versuch, das Haus ernsthaft in Ordnung zu bringen, und deshalb kann sie auch nicht an dieser Aufgabe scheitern. Sie bewahrt sich eine *Illusion* ihrer Kompetenz.

Manche Leute schieben auch aus Angst vor dem Erfolg Aufgaben vor sich her.

Es gibt verschiedene Gründe, weshalb Messies manchmal ihren eigenen Erfolg sabotieren:

„Mein Mann und die Kinder hätten das Gefühl, dies wäre gar nicht mehr ihr ‚Zuhause'."

„Was würde ich mit meiner Zeit anfangen – ich würde ja gar nicht mehr gebraucht ... wenn alles in Ordnung gebracht ist!"

„Wenn ich den Haushalt in den Griff bekomme und alles schön aussieht, wird man erwarten, daß das so bleibt. Was ist, wenn ich dann in meine alte Lebensweise zurückfalle? Ich fühle mich dann so unter Druck gesetzt."

„Ich bin ein Messie, ein wunderbarer, kreativer Messie, der zögert, bevor er eine Arbeit in Angriff nimmt. Wenn ich den Haushalt in den Griff kriege und alles ordentlich ist, wird das meine Kreativität beeinträchtigen."

„Meine Mutter ist auch ein Messie. Wie die Mutter, so die Tochter. Das verbindet uns irgendwie. Ich will nicht, daß Mama sich schlecht fühlt."

„Mama hat den Haushalt perfekt im Griff. Obwohl ich erwachsen bin, bin ich durch meine Unordnung von ihr abhängig wie ein Kind. Wenn ich den Haushalt bewältige, muß ich erwachsen werden."

So zögern wir manchmal, Ordnung und System in unseren Haushalt zu bringen, weil wir die Veränderungen fürchten.

Jodies Haushalt ist chaotisch. Ihre Mutter liegt ihr ständig mit ihrer Kritik in den Ohren, ihr Mann und die Kinder beklagen sich, aber der Zustand des Hauses ändert sich nicht. Jodie ist eine erwachsene Frau mit vielen Fähigkeiten. Sie hat den Wunsch, ihre Handlungen zu kontrollieren und nicht von anderen kontrolliert zu werden, daher verschließt sie sich den Bitten ihrer Lieben. Für sie ist das ein Zeichen ihrer Macht. Jede von außen auferlegte Arbeit bedeutet für sie eine Herausforderung, die es abzuwehren gilt. Diese Rebellion gegen das Beherrschtwerden von außen mag auch der Grund dafür sein, daß Messies Termine ignorieren. *Ich tue, was ich will und wann ich es will. Ich lasse mich nicht von Zeitplänen beschränken*, denken sie im tiefsten Inneren. Ein solches Denken vermittelt ihnen ein Gefühl für Macht und Kontrolle, wirkt sich aber verheerend auf etwaige Erfolgserlebnisse aus.

Diese rebellische Haltung läßt einen Messie auch allgemein übliche Gepflogenheiten der Haushaltsführung mißachten.

Andere müssen vielleicht Sachen in den Schrank räumen, aber ich nicht! Ich lasse alles draußen. Ich weiß genau, was in welchem Stapel ist. So kann ich viel leichter an die Sachen herankommen. Ich komme gut damit zurecht.

Ich erinnere mich an eine Frau, die ich in einem Seminar traf. Sie erzählte mir, daß sie einen Spiegel herumstehen habe, der eigentlich seit Jahren an die Wand gehängt werden sollte. Diese Tatsache nervte ihre Mutter so sehr, daß die Frau den Spiegel *nicht* aufhängte.

Manchmal zahlen Leute ihre Rechnungen nicht rechtzeitig, weil sie sich darüber ärgern. Sie glauben, daß die Steuern oder Abfallgebühren oder was auch immer zu hoch sind, oder sie sind mit der Behandlung des Arztes nicht zufrieden. Daher lassen sie diese Personen oder Institutionen auf ihr Geld warten.

Wenn der Messie begreift, daß solche Verzögerungen schmerzliche Folgen haben und seiner Selbstachtung mehr schaden als nützen, beginnt er, eine Veränderung seines Verhaltens ins Auge zu fassen. Bloß wie?

Entscheidend ist, daß wir uns bestimmte Ziele setzen und uns diesen Zielen in Gegenwart einer vertrauenswürdigen Person laut verpflichten. Ein Messie, der alles vor sich herschiebt, macht gern vage, allgemeine, großartige Pläne für eine Veränderung. Dadurch wird auch die Erreichung dieser Ziele *vage und allgemein.* Es ist jedoch wichtig, sich sehr spezifische, leicht kontrollierbare Ziele zu setzen, die innerhalb eines bestimmten zeitlichen Rahmens erreicht werden sollen.

Wenn Sie der Person Ihres Vertrauens von diesen Zielen und deren zeitlicher Begrenzung berichten, weihen Sie sie auch in die Schritte ein, die Sie unternehmen wollen, um diese Ziele zu erreichen. Messies müssen lernen, die Aufgaben klar ins Auge zu fassen.

Einen Anfang zu machen ist für Messies am schwersten, da für sie nur endgültige Ergebnisse zählen, nicht die Schritte, die zu diesen Zielen führen. Doch ist jeder Schritt wertvoll, der uns unserem Ziel näher bringt.

Aufgrund ihrer „großspurigen" Denkweise sind Messies nur bereit zu arbeiten, wenn ihnen eine große Zeitspanne zur

Verfügung steht. Ein paar Minuten hier und da werden als unwichtig abgetan. Dabei könnte das gerade die Zeit sein, in der man gewisse Arbeiten einmal beginnen könnte. Eine große Aufgabe läßt sich oft in kurze Zeitabschnitte von fünf oder fünfzehn Minuten aufteilen. Wenn diese Zeitabschnitte abgelaufen sind, wird die Arbeit einfach unterbrochen. Eine solche Arbeitsweise fällt Messies schwer.

Vielleicht lieben Messies auch deshalb große Zeitspannen, weil sie hier die Möglichkeit sehen, nicht von einer Arbeit zur anderen zu „springen" – eine sehr unproduktive Arbeitsweise.

Messies lernen, diese unbeständige, ablenkbare Arbeitsweise zu fürchten. Sie sind sich bewußt, daß sie früher von einer Arbeit zur anderen gewechselt und keine zu Ende gebracht haben. Das ist frustrierend und unproduktiv, daher neigen Messies dazu, kurzfristige Arbeiten zu vermeiden. Messies müssen sich so sehr auf eine Aufgabe konzentrieren, daß es ihnen schwerfällt, sich auf eine andere Tätigkeit umzustellen.

Der Unterschied zwischen Ablenkbarkeit und meinem Vorschlag, „kleine Minuten" zu nutzen, um eine Arbeit zu beginnen oder fortzusetzen, liegt darin, daß im letzteren Fall die Zeit bewußt genutzt wird. Minuten produktiv und bewußt zu nutzen, ist eine wichtige Fähigkeit.

Ein weiterer Grund, weshalb Messies ungern kurzfristige Arbeiten erledigen, liegt darin, daß es einen Messie mehr als andere Menschen Zeit und Energie kostet, die benötigten Utensilien zur Hand zu nehmen und wieder wegzuräumen. Es scheint nicht der Mühe wert zu sein. Auch ist die Rechnung, der Stift oder das Scheckbuch womöglich verlorengegangen. Der Messie kann weder Staubtuch noch Möbelpolitur finden, wenn er einmal schnell die Wohnzimmermöbel abwischen will, noch Umschlag und Briefmarke für einen Brief. Für Messies sind alle Arbeiten mit großem Aufwand verbunden, deshalb zögern wir auch, sie überhaupt erst anzufangen. Es ist also ganz wichtig, daß ein Messie erst einmal Ordnung und System in seinen Haushalt bringt, so daß die benötigten Dinge schnell zur Hand sind.

Weil Messies Perfektionisten sind und eine geringe Selbstachtung haben, werden sie leicht entmutigt. Angesichts von Problemen beschleicht Messies immer das Gefühl, dumm und unfähig zu sein, daher greifen sie auf ihr altbewährtes Mittel gegen Versagen zurück — sie schieben die Arbeit vor sich her.

Bei der Überwindung dieser Probleme könnte dem Messie ein verständnisvoller Freund oder eine entsprechende Gruppe zur Seite stehen.

Das Wissen um die Wurzeln unseres Zauderns mag allein schon dazu beitragen, diese sich tief in unser Leben eingegrabenen Wurzeln zu lockern. Perfektionismus ist nichts Positives, sondern eine Entschuldigung für Faulheit. Die Angst vor Erfolg oder vor Versagen sowie eine anmaßende Haltung tragen allesamt dazu bei, uns zu verletzen. Es gilt, unsere Einstellung zu unseren früheren Verhaltensmustern zu ändern.

Entscheidend aber ist, daß es uns gelingt, ein realistisches Selbstbild aufzubauen. Wir sind wertvoll als Menschen, selbst wenn wir etwas versuchen und an der Aufgabe scheitern. Wir besitzen Würde. Wir brauchen uns nicht vor Fehlschlägen zu schützen, indem wir Aufgaben vor uns herschieben.

William Knaus, ein Experte auf diesem Gebiet, schreibt:

„Das Ziel (falsche Einstellungen zu korrigieren) besteht darin, daß die Leute sich selbst als Aktivisten, nicht als Zauderer begreifen. Sie müssen ihre Selbstzweifel überwinden und eine gewisse Frustrationstoleranz aufbauen. Viele Leute wollen sich nicht selbst ins Abseits stellen, da sie befürchten, jemand anders könnte ihre Aufgaben übernehmen" *(U.S. News and World Report)*.

Organisatorische Probleme erkennen und lösen

A. Kreuzen Sie links alle Bereiche an, die bei Ihnen nicht in Ordnung sind:

☐ 1. Sachen finden (Brillen, Schlüssel, Geldbeutel etc.) ___

☐ 2. Planung und Vorbereitung der Mahlzeiten ___

☐ 3. Hausputz ___

☒ 4. Papiere (finden, ablegen und sortieren) _4 P_

☐ 5. Finanzen ___

☐ 6. Wäsche (waschen, trocknen, zusammenlegen und wegräumen) ___

☒ 7. Aufräumen _AU_

☐ 8. Geschirr (spülen, abtrocknen und gleich wegräumen) ___

☐ 9. Lebensmittel einkaufen ___

☐ 10. Arbeiten delegieren ___

☒ 11. Pünktlich sein ___

☐ 12. ANDERES ___

_____

_____

B. Schreiben Sie nun rechts von den angekreuzten Bereichen die unten aufgeführten passenden Buchstabenkombinationen hin, die am ehesten den Grund für Ihren Mangel an Organisation angeben.

MD Mangel an Durchhaltevermögen. Sie erledigen den Großteil einer Arbeit, bringen sie jedoch nicht zu Ende.

MP Mangel an Planung. Sie planen nicht für die Zukunft, sondern handeln lieber spontan.

AD Mangelnde Aufmerksamkeit für das Detail. Sie sehen nur das „große Ganze".

UP Ungeduld bei Papierkram. Sie sind leicht frustriert.

PD Perfektionistisches Denken. Sie tun sich schwer, sich für die beste Vorgehensweise zu entscheiden.

SB Sie erstreben sofortige Befriedigung. Sie wollen es sich jetzt einfach machen, auch wenn Sie sich dadurch die Zukunft erschweren.

ZN Zu nachgiebig. Sie lassen sich von anderen Ihr Tun vorschreiben und verhindern nicht, daß andere Ihre Pläne ignorieren.

AU Außergewöhnliche Unordnung. Die Situation ist so kompliziert und chaotisch, daß es schwierig ist, überhaupt einen Anfang zu machen.

C. Schildern Sie mit eigenen Worten, was Sie davon abhält, Ihr Leben zu organisieren.

12 Besondere Taktiken

Wer verliebt ist oder in den Krieg zieht, muß gut gewappnet sein — und wir führen einen Krieg gegen die Unordnung. Ein guter General hat immer ein paar Geheimwaffen auf Lager, die er zum Einsatz bringt, wenn Not am Mann ist. In diesem Kapitel werde ich Sie in drei meiner Lieblingstaktiken einweihen.

Die Putzfrau und ich

In alten Messietagen kam gelegentlich eine Putzfrau, um mir bei der Hausarbeit zu helfen. Ich fand es hilfreich, daß jemand kam, Ordnung und ein gewisses Maß an Sauberkeit hinterließ und wieder fortging. Der Zustand des Hauses — und meine gute Stimmung — hielt sich ungefähr einen halben Tag, bevor mein aufgeräumtes Haus wieder im Chaos versank. Gebrauchtes Geschirr stapelte sich im Becken, schmutzige Wäsche lag auf dem Boden herum, unter dem Sofa wurden Schuhe geschichtet.

Und dann mußte ich mich ja auch auf das Eintreffen der Putzfrau vorbereiten; das erforderte ein gewisses Maß an Reinigungs- und Aufräumungsarbeiten. Auch die Stapel mußten irgendwohin entfernt werden, bevor sie kommen konnte. Diese Vorbereitung auf die Putzfrau war allein schon eine zeitraubende Aufgabe.

Eine meiner Kursteilnehmerinnen berichtete mir, daß die Putzfrau, die sie sich mit einer Nachbarin teilte, ihr erheblich mehr Geld abverlangte, weil ihr Haus in einem so chaotischen Zustand sei. Das war für sie das auslösende Moment für ihren Entschluß, sich um eine Änderung dieser Situation zu bemühen. In fast jedem meiner Seminare ist auch eine Putzfrau anwesend. In meinem letzten Kurs war eine Frau, die eine Putzfrauenvermittlung gegründet hatte. Daß sie in der Lage sind, das Haus von jemand anderem zu reinigen, bedeutet noch nicht, daß sie ihr eigenes Leben organisieren können.

Kürzlich rief ich an einem Samstag eine Putzfrauenvermittlung in unserem Ort an und bat sie, mir eine Putzfrau zu schicken. Diesmal war ich besser vorbereitet. Ich erbat eine Frau, die schnell und gründlich arbeitete. Sie schickten mir Debbie. Ich wollte bei ihrer Ankunft da sein, um ihr zu zeigen, welche Reinigungsmittel ich benutze, wo diese aufbewahrt werden, und um ihr Anweisungen zu erteilen.

Die Frau verbrachte sechs Stunden in meinem Haus. Als wir anfingen, fragte ich mich, wie sie sechs Stunden füllen würde. Aber sie war die ganze Zeit beschäftigt – und ich arbeitete die meiste Zeit an ihrer Seite. Betten wurden weggerückt, und Böden gesäubert und gewachst. Alle Teppiche wurden gesaugt. Die Möbel und Schränke wurden entstaubt und gewachst.

Dabei fiel mir zweierlei auf. In manchen Bereichen arbeitete ich besser als sie, bei anderen Arbeiten war es umgekehrt. Wir arbeiteten gut zusammen, und schafften es, viele Zimmer und Möbel einmal ganz gründlich zu reinigen. Ich freute mich. Der Preis war hoch, aber das war mir das Ergebnis wert. Ganz im Gegensatz zu dem Tag, als ich eine Putzfrau kommen ließ, während ich abwesend und mein Mann zu Hause war. Ich hatte ihm gesagt, was die Frau tun sollte, da meine Mutter sich zu einem Besuch angesagt hatte und *etwas getan werden mußte*. Als ich von der Arbeit nach Hause kam, sah ich, daß sie zwar den Herd sehr gründlich gereinigt, aber sonst kaum etwas geschafft hatte. Das war eine Katastrophe.

Vielleicht kann Ihnen meine Erfahrung eine Lehre sein, wenn Sie sich nach einer Putzfrau umsehen.

1. Überlegen Sie, ob Sie lieber eine langsame, aber gründliche Putzfrau wollen, oder eine schnelle, die oberflächlich arbeitet, oder eine Kombination von beidem. Machen Sie Ihren Wunsch deutlich, bevor Sie sie anstellen.

2. Arbeiten Sie beim ersten Mal mit ihr zusammen. Es gibt so viele Methoden, Arbeiten zu erledigen, und jedes Haus hat seine Eigenheiten. Deshalb führen Sie die Frau in die Besonderheiten Ihres Haushalts ein.

3. Ich hatte früher keine Putzfrauenvermittlung in Anspruch genommen, habe aber sehr gute Erfahrungen damit gemacht. Wenn Sie größere Reinigungsarbeiten zu erledigen haben, wie Fenster, Teppiche etc., rufen Sie eine Reinigungsfirma an (die finden Sie im Branchenverzeichnis des Telefonbuches).

4. Seien Sie nicht zu wählerisch. Als meine Putzfrau aufgewischt hatte, war der Boden zu naß. Machen Sie nicht den Fehler, jede Unterstützung durch eine Putzhilfe abzulehnen, weil Sie so perfektionistisch sind.

Eine nette Begleiterscheinung: Mein Mann fühlt sich in der Regel in seinem Tagesablauf gestört, wenn eine Putzfrau kommt. Er war sich nicht sicher, ob dieser Aufwand das Geld wert sei. (Ich hatte einige Mühe ihn zu beruhigen, als er von Debbies bevorstehendem Einsatz erfuhr.) Gestern abend äußerte er, es wäre schön, wenn sie in ungefähr einem Monat wiederkäme.

Es geschehen noch Zeichen und Wunder.

Das Kartensystem

Im zweiten Kapitel habe ich die Mount Vernon-Methode erläutert, mit deren Hilfe Sie Ihren Haushalt einmal gründlich ordnen können. Doch jeder Messie weiß, daß das wahre Problem nicht darin liegt, das Haus in Ordnung zu bringen, sondern diesen Zustand zu erhalten. Das Kartensystem ist das Kernstück des Organsisationsprogramms der Anonymen Messies.

Stellen Sie sich dieses System wie ein Kuchenrezept vor. Das Rezept besteht aus vierundzwanzig Karten in einem Buch.

Zutaten:

Ein kleines Photoalbum mit mindestens vierundzwanzig Plastikhüllen für Photos. Wir brauchen diese Plastikhüllen für unsere Karten mit den aufgelisteten Haushaltsarbeiten.

Ein Filzstift mit möglichst dünner Mine. Mit diesem Stift haken Sie jeden Tag die erledigten Arbeiten ab. Der Stift ist leicht abwaschbar, so daß Sie das Album nach Ihrem ersten Durchgang immer wieder benutzen können.

Eine Büroklammer, möglichst aus Plastik, weil Metall rostet. Klemmen Sie diese an die Karte, an der Sie gerade arbeiten, weil Messies ein schlechtes Gedächtnis haben. Wenn wir vergessen sollten, bei welcher Karte wir gerade angelangt sind, werden wir als Perfektionisten nicht weitermachen, bis wir uns genau erinnern, wo wir stehengeblieben waren.

An dieser Stelle stellt sich das Problem, was zu tun ist, wenn Sie ins Hintertreffen geraten. Sie haben zwei Möglichkeiten:

1. Sie versuchen, die versäumte Arbeit aufzuholen.
2. Sie ignorieren, was Sie versäumt haben, und beginnen mit den Aufgaben des aktuellen Tages.

Die richtige Antwort ist 2. Vergessen Sie, was Sie versäumt haben. Fangen Sie bei dem heutigen Tag an. Hier ist der Grundsatz der Anonymen Alkoholiker anwendbar, „jeden Tag für sich bewußt zu erleben". Lassen Sie die Vergangenheit hinter sich. Fangen Sie heute neu an, und versuchen Sie das zu erreichen, was Sie sich für heute vorgenommen haben.

Karten und Bleistift. Alle Karten enthalten drei Wochen Hausarbeit. Sie beginnen mit: 1. Woche, Montag; 1. Woche, Dienstag und so weiter, bis zum Ende der ersten Woche. Mit der zweiten und dritten Woche verfahren Sie ebenso. Der Sonntag fehlt, da wir mindestens einen Tag in der Woche frei haben sollten. Überlegen Sie, ob für Sie der Sonntag und/oder ein anderer Wochentag günstig ist.

Schreiben Sie alle Arbeiten auf, die Sie zweimal wöchentlich erledigen wollen. Übertragen Sie diese auf die entsprechenden Karten. Wenn Sie beispielsweise zweimal in der Woche den Küchenboden wischen wollen, schreiben Sie diesen Punkt jeweils auf die Dienstag- und Freitagkarten der ersten, zweiten und dritten Woche.

Dann überlegen Sie, was Sie einmal wöchentlich tun wollen. Schreiben Sie diese Tätigkeiten auf die drei Karten eines bestimmten Wochentages, z. B. Mittwoch.

Dann entscheiden Sie, was Sie nur einmal in drei Wochen erledigen wollen.

Wählen Sie passende Tage aus und schreiben Sie jede Arbeit auf. Jetzt sind Sie mit den Wochentagen fertig.

Und so sieht ein Wochenplan aus:

1. Woche	Speisekarte
1. Woche	tägliche Arbeiten
1. Woche	Montag
1. Woche	Dienstag
1. Woche	Mittwoch
1. Woche	Donnerstag
1. Woche	Freitag
1. Woche	Samstag

Entsprechendes gilt für die zweite und dritte Woche.

Das war der Kuchen. Und jetzt kommt die Füllung.

Es gibt Arbeiten, die Sie täglich erledigen wollen, und das sollten nicht mehr als sechs oder sieben sein. Diese Tätigkeiten werden nicht auf die Karten für die Wochentage notiert, sondern auf drei Tageskarten. Nennen Sie hier keine Arbeiten, die Ihnen bereits zur Gewohnheit geworden sind.

Die Karten für die täglichen Arbeiten sehen so aus:

	S M D M D F S
Waschbecken putzen	— — — — — — —
Teppiche saugen	— — — — — — —
Betten machen	— — — — — — —
etc.	— — — — — — —
etc.	— — — — — — —

Wir haben nun den Kuchen und die Füllung. Jetzt kommt der Zuckerguß. Die oberste Karte in unserem Wochenkartenset ist noch leer. Hier tragen Sie Ihre wöchentliche Speisekarte ein. Überlegen Sie sich Mahlzeiten für jeden Wochentag, notieren Sie sie auf eine Karte und stecken Sie diese in die erste Plastikhülle für die jeweilige Woche.

Das könnte dann so aussehen:

1. Woche: Speisekarte

Sonntag:	Hähnchen, Reis, Erbsen
Montag:	Linsensuppe
Dienstag:	Süßspeise
Mittwoch:	Hackbraten, Kartoffeln, Gemüse
Donnerstag:	Pizza, Salat
Freitag:	Fisch, Kartoffelsalat
Samstag:	Spaghetti, Salat

Jetzt ist der Kuchen fast fertig. Wir müssen ihn nur noch ein wenig dekorieren. Wenn Ihr Album beispielsweise mehr als vierundzwanzig Hüllen hat, schreiben Sie doch ein paar Sätze aus diesem oder einem anderen Buch auf, die Ihre Motivation verstärken.

Jetzt ist Ihr Rezept fertig und kann ausprobiert werden. Eines jedoch ist wichtig: Gehen Sie KEINESFALLS nach dem Kartensystem vor, bevor Sie Ihren Haushalt nicht mit Hilfe der Mount Vernon-Methode geordnet haben!

Die Mount Vernon-Methode kommt nur einmal zum Einsatz, um unser Haus grundlegend in Ordnung zu bringen. Das Kartensystem benutzen wir, um diesen Zustand zu *erhalten*. Gehen Sie regelmäßig nach dem Kartensystem vor, löschen Sie die Markierungen des Filzstifts, wenn Sie mit allen Karten fertig sind, und fangen Sie wieder von vorne an.

Beziehen Sie auch Ihre Familie in die Arbeit mit dem Kartensystem ein, lassen Sie sie Arbeiten erledigen und abhaken. Gemeinsam werden Sie es schaffen!

Tagebuch führen —
statt Erinnerungsstücke sammeln

Ein unordentlicher Haushalt ist nicht das einzige Kennzeichen eines Messies. Ein Messie hat bestimmte Persönlichkeitsmerkmale, die ihn zu einer bestimmten Lebensweise verleiten. Diese Eigenschaften werden nicht verschwinden, und das sollen sie auch nicht. Viele unserer Persönlichkeitsmerkmale sind ja nicht an sich schlecht, sie sind nur fehlgeleitet oder kommen in übertriebener Weise zum Ausdruck. Sie brauchen nicht Ihre Persönlichkeit zu ändern, um Ordnung und Schönheit in Ihr Heim zu bringen. Sie müssen jedoch manche Denkstrukturen und Verhaltensmuster ändern, um in Ihrem Heim dauerhafte Veränderungen zu bewirken.

Diese Veränderung vollziehen wir in drei Schritten:

1. Im ersten Teil dieses Buches und auch an anderen Stellen habe ich herausgestellt, daß jeder Mensch unendlich wertvoll ist. Eine gesunde Selbstachtung wird dazu führen, daß Sie auch Ihr Umfeld Ihrer inneren Schönheit anpassen.

2. Um diese Veränderung zu unterstützen, brauchen Sie Hilfen wie konkrete Zielsetzung, „Umschulung" Ihrer Denkgewohnheiten und Unterstützung durch Selbsthilfegruppen.

3. Einige Ihrer Persönlichkeitsmerkmale müssen so „kanalisiert" werden, daß Sie ordentlicher und systematischer an gewisse Dinge herangehen. Das bringt mich zu einem Thema, das mir sehr am Herzen liegt — das Tagebuch.

Messies sind sentimental. Viele haben zudem ein schlechtes Gedächtnis. Das ist für einen Messie eine sehr beunruhigende Kombination. Wenn einem sentimentalen Messie klar wird, daß wichtige Ereignisse seines Lebens bald in seinem Gedächtnis entschwinden werden, überlegt er sich, wie er diese

Erinnerungen lebendig erhalten kann. Gewöhnlich sammelt er dann alle möglichen Souvenirs und Photos.

Die Photos nehmen nicht viel Platz ein, wohl aber die Erinnerungsstücke. Alter Schmuck, Babykleidung, gepreßte Blumen und vieles andere werden aufgehoben, weil sie ein Teil unserer Vergangenheit sind. Allmählich wird unser ganzes Haus mit diesen Dingen vollgestopft. Wir hassen das Durcheinander, haben aber andererseits das Gefühl, die Erinnerung an unsere Vergangenheit schwindet dahin, wenn wir uns von diesen Dingen trennen.

Was jedoch könnte solche Sammelleidenschaft ersetzen? Ich finde, das Führen eines Tagebuchs ist eine sehr gute Alternative.

Das Tagebuch kommt wieder zunehmend in Mode. Als es noch kein Fernsehen gab und die Leute mehr Zeit hatten, war das Führen eines Tagebuchs sehr beliebt. Ich fand einmal auf dem Dachboden eines Hauses, das meine Großeltern gekauft hatten, ein altes Tagebuch, das ein Fremder liegengelassen hatte. Ich wünschte, ich hätte es aufgehoben. Wenn Sie sich einmal mit dem Gedanken vertraut gemacht haben, werden Sie überrascht sein, wie viele Leute, denen Sie begegnen oder von denen Sie lesen, auch heute noch Tagebuch führen. Die meisten sprechen jedoch nicht darüber. Es scheint eine heimliche Beschäftigung zu sein.

Für diese Verschwiegenheit gibt es sicher einen Grund. Im Tagebuch kann ich meine Seele bloßlegen. Es ist eine intime Beschäftigung in einer Welt, wo wir uns mit Vertrautheit oft schwer tun. Für Messies ist ein Tagebuch jedoch die ideale Lösung für ihr Problem, die Erinnerung an die Vergangenheit zu bewahren.

Wie führt man ein Tagebuch? Ich benutze ein spiralgebundenes Heft, das nach nichts Besonderem aussieht. Wenn Ihnen der Sinn nach Schönheit steht, erhalten Sie in Schreibwarengeschäften sehr ansprechend gestaltete Bücher mit leeren Seiten, die sich hervorragend als Tagebuch eignen. Es gibt Bücher mit Stoffeinband, interessante Hefte aus China oder Italien oder andere kunstvoll gestaltete Hefte in unterschiedlichsten Größen und Einbänden. Suchen Sie sich *Ihr* persönliches Buch aus.

Benutzen Sie auf jeden Fall lieber ein solches Heft oder Buch als ein vorgedrucktes Tagebuch, das womöglich noch mit einem Schloß versehen ist. Sie fühlen sich sonst gezwungen, jeden Tag etwas hineinzuschreiben, und bekommen Schuldgefühle, wenn Sie einmal einen Tag auslassen. Der Platz für Eintragungen ist auch nur gering – und Sie könnten natürlich den Schlüssel verlieren.

Ich schreibe fast jeden Tag etwas in mein Tagebuch, aber wenn ich einmal ein oder zwei Tage keine Eintragungen mache, ist das auch nicht schlimm. Was halte ich fest? Erinnerungen. Geschehnisse des Vortags. Gedanken. Träume. Hoffnungen. Erfolgserlebnisse und Fehlschläge. Pläne und auch Gebete. Ein Tagebuch ist gut geeignet, um sich über seine Prioritäten und Bedürfnisse klarzuwerden. Manche schreiben Gedichte oder Zitate auf, sie machen Zeichnungen oder kleben Bilder, Eintrittskarten oder dergleichen ein. Betrachten Sie Ihr Tagebuch als eine leere Leinwand, auf die Sie Ihre persönlichen Wortgebilde malen. Das Tagebuch ist Ihr eigentliches Andenken. Irgendein Plunder ist nur die äußere Hülle der Erinnerung – das Tagebuch enthält jedoch die Seele des Ganzen.

Mit meinen regelmäßigen persönlichen Eintragungen beginne ich auf der ersten Seite und schreibe dann eine Seite nach der anderen voll. Die besonderen Eintragungen wie Zitate, Bücher, die ich gelesen habe, Lieder oder Gedichte, die ich mir merken will, beginne ich auf der letzten Seite. Wenn sich die Eintragungen in der Mitte treffen, ist das Heft voll und ich beginne ein neues.

Ob jemand mein Tagebuch liest? Ich bezweifle das. Meine Familie ist so daran gewöhnt, mich schreiben zu sehen, daß sie dem Tagebuch gar keine Beachtung schenkt. Es liegt auf meinem Nachtkästchen. Wenn Sie befürchten, jemand könne Ihr Tagebuch lesen, verstecken Sie es. Wenn jemand fragt, was Sie da gerade tun, sagen Sie, das gehöre zum Haushaltsorganisationsprogramm der Anonymen Messies. Das sollte genügen, um die Neugier dieser Person zu befriedigen.

Womöglich ist Ihr Tagebuch auch eine Hilfe, die Mount Vernon-Methode müheloser zu bewältigen. Sie möchten vielleicht in Ihrem Tagebuch vermerken, wann Sie sich von bestimmten Dingen trennen. Wenn Sie beispielsweise Ihre Umstandskleider weggegeben haben, halten Sie dieses denkwürdige Ereignis schriftlich fest. Schreiben Sie vielleicht auch Erinnerungen an Ihre Geburten nieder. Notieren Sie, welche Bedeutung das Weggeben dieser Kleider für Sie hat. Eine Phase Ihres Lebens – die Jahre des Kinderkriegens – ist vorbei. Das ist viel befriedigender, als einen Karton voller nutzloser Kleidung in einem ohnehin schon überfüllten Raum aufzubewahren.

Wir sind nun mal Messies. Wir müssen lernen, mit unseren persönlichen Eigenschaften sinnvoll umzugehen. Seien Sie weiterhin sentimental. Aber beschränken Sie Ihre Erinnerungen auf ein kleines Buch, und horten Sie sie nicht in Stapeln oder Kartons, die schließlich durch ihr bloßes Dasein Ihre Erinnerungen in einem trüben Licht erscheinen lassen.

Teil 3

Holpriges Gelände – besondere Problembereiche

13 Geldangelegenheiten

Gehe in das Gefängnis.
Begib dich direkt dorthin.
Gehe nicht über Los.
Ziehe nicht DM 4000 ein.

Monopoly

Warnung: *Die folgenden Informationen sind nur für solche Geld-Messies bestimmt, die ernsthaft bereit sind, ihre finanziellen Angelegenheiten in Ordnung zu bringen.*

Zum Thema Geldangelegenheiten sind unzählige gute und ausführliche Bücher geschrieben worden, so daß es nicht notwendig ist, an dieser Stelle zu sehr ins Detail zu gehen. Wir wollen hier nur einige Grundprinzipien aufzeigen und Ihnen einige persönliche Tips geben. Wenn Sie sich dann ernsthafter in die Materie vertiefen wollen, lesen Sie entsprechende Bücher oder besuchen Sie Kurse.

Wenn Sie bis hierhin gelesen haben, nehme ich an, daß Sie ernsthaft vorhaben, Ihre Geldangelegenheiten in den Griff zu bekommen. Gleichzeitig haben Sie Angst davor. Schließlich ist Geld eine sehr beängstigende Materie. Viele Psychologen glauben, daß Geld ein heikleres Thema ist als Sex. Das stimmt wohl auch. Und Sie fürchten sich wohl mit Recht davor. Aber Wissen vertreibt die Furcht.

Weshalb scheuen sich Messies, ihre Finanzen in Ordnung zu bringen?

Dafür gibt es verschiedene Gründe.

Es ist nicht leicht, Geldangelegenheiten zu ordnen. In diesem Kapitel werden Sie keine mühelosen Methoden der Buchhaltung finden. Aber die Methoden der Haushaltsführung waren ebenfalls mit Mühe verbunden, und die haben Sie schließlich auch bewältigt.

Tatsache ist, daß dieses Vorhaben vermutlich so kompliziert ist, daß kein Messie, der etwas auf sich hält, es in Angriff nehmen würde. *Es sei denn,* er ist fest davon überzeugt, daß es diese Mühe wert ist. Seien wir doch ehrlich: Wir suchen oft so lange nach einer einmaligen, schmerzlosen Methode, eine Arbeit zu umgehen, daß wir dafür in der Regel mehr Zeit benötigen als für die Arbeit selbst.

Stellen Sie sich vor, Sie seien John Wayne. Sie ziehen Ihren Gürtel hoch, streichen sich über die Augenbrauen und stellen beide Beine fest auf den Boden. Die Aufgabe, die vor Ihnen liegt, ist nicht einfach, aber nur Sie können sie erledigen – und das werden Sie auch.

Das Ordnen Ihrer Finanzen hat nichts Spektakuläres an sich. Sie können nicht die Nachbarn einladen und sich unter ihren bewundernden Blicken sonnen, wie Sie es im Falle eines aufgeräumten und sauberen Hauses tun können. Diese Arbeit geschieht mehr als alle anderen zu Ihrem eigenen Nutzen. Als solche wird sie aus einem Gefühl der Würde und Selbstachtung heraus erledigt. Es ist ein befriedigendes Gefühl, seine Finanzen unter Kontrolle zu haben und zu wissen, daß Sie und Ihre Familie sich nach den finanziellen Zielen ausstrecken können, die Sie sich gesteckt haben. Auch wenn die Nachbarn nicht „oh" und „ah" rufen, werden Ihre Kinder aufstehen und Sie preisen, und Ihr Mann wird Sie loben. (Der Verfasser der Sprüche möge mir verzeihen.)

Geldangelegenheiten sind so unübersichtlich, besonders für Messies. Unterlagen verlieren, Rechnungen vergessen, kein Geld für die kommende Woche abheben – diese Liste könnte man noch lange weiterführen. Messies haben ihre besonderen Probleme mit dem Geld. Aber ich verrate Ihnen ein Geheimnis: *Cleanies haben dieselben Probleme!* Sie wären überrascht, wie viele Cleanies Geld-Messies sind. Zwar heben sie ihre ganzen Unterlagen an einer bestimmten Stelle auf statt im Handschuhfach, auf dem Kühlschrank oder in der Kommode neben der Eingangstür. Aber sie haben trotzdem Schwierigkeiten, Ordnung und System in diesen Papierkram zu bekommen. Fassen Sie also Mut! Unordnung in Gelddingen ist nicht nur eine Frage des Nicht-Wollens oder -Könnens. Finanzangelegenheiten sind oft sehr komplex und bedürfen daher unserer besonderen Aufmerksamkeit. So widmen Sie ihnen also Aufmerksamkeit und erwarten Sie auch in dieser Sache Erfolg.

Ein letzter Grund für die Scheu vor Finanzdingen ist *die Befürchtung, wir könnten entdecken, daß wir in ernsthaften finanziellen Schwierigkeiten sind.*

Zur Anfangszeit der Fliegerei standen den Piloten keine genauen Instrumente zur Flugüberwachung zur Verfügung. Sie mußten auf ihren eigenen Körper achten: Verspürten sie Druck unter ihrer Sitzfläche, stieg das Flugzeug, spürten sie wenig oder keinen Druck, sank die Maschine. Wenn sie sich in ihrem Körpergefühl irrten, stürzten sie ab.

Viele Messies benutzen diese Methode für ihr Finanzmanagement. Sie haben so ein Gefühl, ob Geld hereinkommt oder herausfließt. Und sie hoffen, daß sie keine böse Überraschung erleben und abstürzen.

Piloten, die nach dieser Methode fliegen, und Messies, die nach dieser Methode ihr Finanzmanagement betreiben, stehen immer in einer gewissen Spannung. Es verursacht Streß, wenn man nicht weiß, ob der Scheck gedeckt ist oder ob wir uns dieses Haus überhaupt leisten können. Im Geschäftsleben nennt man das „Krisenmanagement": Man bewegt sich von einer Krise zur anderen, hat keine Zeit zum Planen und keine

Lebensenergie. Wenn das geschieht, managen nicht Sie die Finanzen, sondern Ihr Geld hat Sie im Griff.

Ein Pilot fühlt sich besser, wenn er munter durch die Wolken fliegt und das Gefühl hat, es sei alles in Ordnung, als wenn er einen Berg vor sich sieht. Messies sind genauso. Ein unbegründetes Gefühl des Wohlbefindens, selbst wenn wir im Unterbewußtsein ein wenig nervös sind, ist besser, als wenn wir mit Sicherheit wissen, daß wir in Schwierigkeiten stecken. Wenn wir unser Scheckbuch nicht ausgleichen, ist es egal, ob wir mehr ausgeben als einnehmen. Diese Haltung ist unreif, töricht und unser unwürdig. Sie verdienen Besseres!

Finanzmanagement für Messies

Wenn wir etwas lernen wollen, fangen wir mit den Grundlagen an. Im Hinblick auf das Finanzmanagement müssen Messies die folgenden Grundlagen kennen:

Vier Schlüsselbegriffe

1. *Einnahmen* — Alles Geld, das hereinfließt, aus welcher Quelle auch immer. Diese Einnahmen sind unser Zahlungsmittel.

2. *Ausgaben* — Tägliche, monatliche und jährliche. Die Mittel, die wir für unsere Lebenshaltung einsetzen müssen.

3. *Budget oder Haushalt* — Einnahmen und Ausgaben werden monatlich oder jährlich einander gegenübergestellt.

4. *Geldfluß* — Ein Begriff für Geldbewegungungen. Stellen Sie sich ein Budget als Schnappschuß vor und den *Geldfluß* als Film.

Drei finanzielle Realitäten:

1. Sie müssen Ihre Zahlungsverpflichtungen einhalten (die Rechnungen bezahlen).

2. Sie müssen Unterlagen aufheben (siehe oben).

3. Sie müssen Ihre Steuererklärung machen.

Zwei finanzielle Ziele:

1. Sie sollten planen.

2. Sie sollten sparen.

Unsere größte Sorge gilt zunächst den finanziellen Realitäten. Wenn wir diese Punkte in Ordnung gebracht haben, werden sich die finanziellen Ziele als natürliche Folge ergeben. Also fangen wir an.

Realität Nr. 1. Wir müssen unsere Zahlungsverpflichtungen einhalten. Mit anderen Worten, unsere Rechnungen bezahlen. Das ist doch selbstverständlich, werden Sie sagen. Aber für einen Messie kann das Bezahlen von Rechnungen ein Alptraum sein, und dafür gibt es verschiedene Gründe:

— *Die Rechnungen sind verlorengegangen.* Ein Messie muß zuallererst einmal lernen, bestimmte Dinge an einem für sie bestimmten Platz aufzuheben. Als Sie Ihr Haus oder Ihre Wohnung nach der Mount Vernon-Methode geordnet haben, sind Sie ohne Zweifel an allen möglichen Stellen auf Rechnungen gestoßen. Vermutlich haben Sie diese bereits irgendwo gesammelt, in einer Schublade, einem Ablagekorb auf dem Schreibtisch oder einer Schuhschachtel. Jetzt brauchen Sie einen Ort, an dem Sie Ihre Finanzen abwickeln. Dort brauchen Sie Platz zum Arbeiten, Platz, um Unterlagen aufzuheben (darüber später mehr) und Platz für unbezahlte Rechnungen. Manche benutzen dafür einen Ablagekorb, andere hängen sie an die Pinnwand und markieren deutlich das Datum der Ablauffrist, wieder andere heften sie in den erstbesten Aktenordner. Aber Sie benötigen einen bestimmten Platz für diese Dinge. Heben Sie die unbezahlten Rechnungen zusammen auf. Wenn Sie einen Umschlag mit einer Rechnung erhalten, werfen Sie alles fort, außer der Rechnung und dem eventuellen Überweisungsformular. Dann legen Sie diese Rechnung zu den anderen unbezahlten Rechnungen.

Wenn Sie ein visueller Typ sind, nach dem Motto „aus den Augen, aus dem Sinn", dann müssen Sie die Rechnungen so aufheben, daß Sie sie sehen können. So vermeiden Sie den zweiten Grund, weshalb Rechnungen nicht bezahlt werden.

— *Ich hab's vergessen.* Sie lachen vielleicht, aber für einen Messie ist das ein ganz reales Problem. Deshalb ist es wichtig, Ihre Finanzunterlagen an einem bestimmten Platz aufzubewahren und sich eine bestimmte Zeit zu reservieren, in der Sie Ihre finanziellen Belange erledigen: Rechnungen bezahlen, Unterlagen ablegen, Scheckbuch ausgleichen usw. Planen Sie dafür eine feste Zeit ein. Manche Fachleute raten dazu, dies einmal im Monat zu tun (z.B. jeden ersten Dienstag des Monats), andere befürworten einen wöchentlichen Termin (vermutlich werden Sie auf lange Sicht weniger Zeit brauchen, wenn Sie diese Aufgabe so regelmäßig erledigen). Wieder andere finden es am praktischsten, diese Angelegenheiten gleich am Monatsbeginn (oder wann immer Sie Ihr Geld erhalten) zu erledigen, denn dann haben Sie Geld, um die Rechnungen zu bezahlen. Zu diesem Zeitpunkt sollten Sie Ihre Finanzlage überprüfen: Ihre Ausgaben für den Lebensunterhalt sowie Zuwendungen, wie Spenden oder Taschengeld, einplanen, die Rechnungen bezahlen, bezahlte Rechnungen einordnen und Ihr Scheckbuch ausgleichen. Das bringt uns zum dritten Grund, weshalb Rechnungen nicht bezahlt werden.

— *Das Scheckbuch ist in einem chaotischen Zustand.* Wenn Sie aus diesem Kapitel nur einen Ratschlag mitnehmen (gesetzt den Fall, daß Sie es immer noch lesen), so beherzigen Sie folgendes: BEFREUNDEN SIE SICH MIT IHREM SCHECK-BUCH. Dazu brauchen Sie Mut, Entschlossenheit und Disziplin. Denken Sie an John Wayne: „Ist 'ne unangenehme Aufgabe, aber irgend jemand muß sie erledigen."

Weshalb? Weil Ihr Scheckbuch der Schlüssel ist, um Ordnung in Ihre chaotischen Finanzangelegenheiten zu bekommen. Ihr Scheckbuch hält nicht nur die meisten Ihrer Ausgaben fest, es gibt auch Auskunft darüber, welcher Art diese Ausgaben sind (was Ihnen bei der Planung hilft) und ob man die betreffende Ausgabe von der Steuer absetzen kann (wichtig für die Vorbereitung der Steuererklärung). Am wichtigsten ist jedoch, daß Ihr Scheckbuch ein Spiegel Ihrer gegenwärtigen finanziellen Situation ist.

„Aber ich hasse mein Scheckbuch! Dauernd geht irgendwas verloren, ich bin schlecht im Rechnen, mein Mann spielt nicht mit und mein Hamster frißt mindestens einen Scheck im Monat. Ich kann das nicht!" Aber Sie konnten auch einmal Ihren Haushalt nicht in Ordnung halten — und jetzt schauen Sie sich einmal um! Entscheidend ist, daß Sie einmal einen Anfang machen, sich dann immer weiter vorarbeiten und nicht vergessen: Sie verdienen ein geordnetes Finanzsystem.

Scheckbuchregeln
Tragen Sie den Scheck immer ein.
Tragen Sie alle Einzahlungen ein.
Vergleichen Sie Ihr Scheckbuch mit Ihrem aktuellen Kontostand.

Wenn diese Regeln für Sie zur zweiten Natur geworden sind, können Sie anfangen, in Ihrem Scheckbuch zu vermerken, was Sie mit einem bestimmten Scheck bezahlt haben und ob Sie diese Ausgabe von der Steuer absetzen können. (Stellen Sie auf der Umschlagseite Ihres Scheckbuchs eine Liste von Ausgaben zusammen, die steuerlich absetzbar sind, und markieren Sie dann die betreffenden Ausgaben.) Aber für den Anfang reicht es, die Schecknummer und den Betrag aufzuschreiben.

Nun geht es darum, das Scheckbuch dem aktuellen Bankauszug anzupassen, und das ist wahrscheinlich der Hauptgrund, weshalb Messies (und auch Cleanies) Angst vor einem persönlichen Finanzmanagement haben. Ich kann Ihnen hier keine genaue Anleitung für diese Aufgabe geben, wohl aber ein paar Hinweise, mit deren Hilfe Sie Ihr eigenes System ausklügeln können.

1. Schaffen Sie sich eine kleine Rechenmaschine an, die auf einer Papierrolle ausdruckt. Auf diese Weise können Sie leichter Ihren jeweiligen Kontostand feststellen. Der Ausdruck dient sozusagen als doppelte Kontrolle Ihrer Arbeit. Es fällt Ihnen leichter, sich ans Ausrechnen Ihrer Finanzen zu machen. Wenn Sie das regelmäßig tun, läßt sich diese Arbeit innerhalb weniger Minuten erledigen.

2. Vergessen Sie nicht, Bankgebühren abzuziehen. Geben Sie kein Geld aus, das Ihnen die Bank vom Konto abzieht. Vielleicht finden Sie auch eine Bank, die keine Gebühren erhebt.

3. Wenn es Ihnen zu schwierig erscheint, einmal im Monat ein großes Girokonto zu kontrollieren, überlegen Sie, ob sich das Führen von zwei Konten lohnt: eines für feste Ausgaben, ein anderes für laufende Ausgaben. Feste Ausgaben sind beispielsweise Miete, Zins und Tilgung für Darlehen, Versicherungen, Strom- und Abfallgebühren und ähnliches. Diese Ausgaben werden für ein Jahr zusammengezählt und durch zwölf geteilt, um eine monatliche Durchschnittssumme zu erreichen, die dann jeweils vom monatlichen Gehalt auf das Konto der festen Ausgaben geht. Auf diese Weise ist immer genügend Geld für Ihre festen Ausgaben vorhanden. Wenn Sie ein Prämiensparkonto anlegen, können Sie gleichzeitig Geld ansparen. Das Konto für

die laufenden Ausgaben deckt die Lebenshaltungskosten und besondere Anschaffungen ab.

Diese Organisation Ihres Girokontos ist unerläßlich, wenn Sie Ordnung in Ihre Finanzen bringen wollen. Ansonsten brauchen Sie keine Hoffnung zu haben, die *Realität Nr. 2* in den Griff zu kriegen: *Sie müssen Unterlagen aufheben.*
Mit Unterlagen meine ich Kopien von bezahlten Rechnungen, Versicherungspolicen, stornierte Schecks, Einzahlungsbelege, jedes Stück Papier, das mit Finanzen zu tun hat. Manche heben *alles* auf, die meisten treffen jedoch eine sorgfältige Auswahl.
Diese Unterlagen sind aus folgenden Gründen notwendig:

1. Sie ermöglichen eine Planung für die Zukunft. Wenn wir wissen, für was wir in der Vergangenheit unser Geld ausgegeben haben, können wir diese Ausgaben auch für die Zukunft berücksichtigen. Wir können auch überlegen, wo wir Ausgaben einschränken können, um für bestimmte Ziele zu sparen, wie Urlaubsreisen oder eine Ausbildung.

2. Wir benötigen diese Unterlagen für die Steuererklärung.

Es gibt viele Systeme, um solche Unterlagen zu sammeln. Manche sind sehr komplex, andere einfach. Legen Sie Rechnungen, Kontoauszüge und Belege, die sie nur ein- oder zweimal im Jahr brauchen, getrennt in Ordnern oder Mappen ab. Alles zusammen können Sie dann in einem Aktenschrank, in einer Hängeregistratur oder dergleichen unterbringen.

Mit solchen einfachen Hilfsmitteln und einem für sie bestimmten Platz wird es Ihnen gelingen, diesen „Papierkram" zu bewältigen. Ihr Aktenschrank oder was immer Sie benutzen, sollte auch leicht zugänglich sein. Bringen Sie Ihr Aktensystem am Ende des Jahres noch einmal in Ordnung, das heißt, sortieren Sie die Belege für die Steuer, und sorgen Sie dafür, daß alles ordentlich sortiert, beschriftet und eingeordnet ist.

Unterlagen aufheben heißt auch, sich einen Überblick über Bargeldausgaben zu verschaffen. Sie können nicht für die Zukunft planen, wenn Sie Ihre Ausgaben nicht nachvollziehen können. Vielleicht vermerken Sie größere Ausgaben in Ihrem Terminkalender, in einem Heft oder auf einem Wandkalender. Das soll Sie nicht noch mehr verunsichern, sondern Sie dazu bringen, Ihr Geld für Dinge auszugeben, die Sie wirklich haben wollen.

Lassen Sie mich berichten, wo ich mich auf dieser finanziellen Odyssee befinde. Letztes Jahr nahm ich die Dienste einer Buchhalterin namens Tina in Anspruch. Sie teilte unsere Ausgaben für jeden Monat in verschiedene Bereiche ein. Sie glich auch das Scheckbuch aus. Am Jahresende machte sie uns eine Aufstellung über die verschiedenen Ausgabenkategorien. Das war wie eine Offenbarung! Mir war gar nicht bewußt, für was wir eigentlich unser Geld ausgaben! Wir verbrauchten beispielsweise – na ja, wieviel werde ich Ihnen nicht verraten – für unsere Tiere (das Futter für Hund und Katze nicht eingerechnet). Unser Hund hatte sich seine beiden Vorderbeine gebrochen. Unser Pferd bekam Koliken (das kann bei Pferden lebensgefährlich sein), und wir mußten mehrere Male den Tierarzt in Anspruch nehmen. Welche Summe das jedoch in einem Jahr ergab, war eine schockierende Erkenntnis. Auch in einigen anderen Bereichen erlebte ich Überraschungen.

Die Gesamtsumme unserer jährlichen Ausgaben enthielt einen großen Betrag, der durch keine Belege abgedeckt war. Hier handelte es sich um Bargeld, das wir vom Konto abgehoben und für verschiedenste Dinge ausgegeben hatten, ohne irgendwelche Belege aufzuheben. Um dieses Problem in den Griff zu bekommen, führen mein Mann und ich nun kleine Hefte, in die wir unsere Bargeldausgaben eintragen. Diese übertrage ich in das Bargeldkonto unseres Hauptbuchs, um zu beobachten, wohin unser Geld fließt – ich benutze dieselben Kategorien wie Tina in ihrem Scheckbuch. Jeden Monat addiere ich Bargeld und Schecks in jedem dieser Bereiche und erhalte so die Gesamtsumme der Ausgaben für die einzelnen Kategorien.

Diese Buchführung ist absolut notwendig. Vor fünf Jahren hätte ich jedoch niemals damit umgehen können. Mein ganzes Leben und mein Haushalt waren damals so chaotisch, daß es mir schon zu viel Mühe bereitet hätte, das Ausgabenheft zu führen, und ich hätte mit Sicherheit nicht die Kontoauszüge eines ganzen Jahres gefunden. Vielleicht erscheint das auch Ihnen im Moment unmöglich, wenn Sie bereits Mühe haben, Ihre Schuhe und Schlüssel zu finden. Doch sobald Sie anfangen, die Kontrolle über Ihr Leben zu gewinnen, nehmen Sie doch auch diesen finanziellen Bereich in Angriff. Vielleicht sind Sie schon jetzt dazu bereit. So versuchen Sie also herauszufinden, wofür Sie Ihr Geld ausgeben.

Nach der Beschäftigung mit Realität Nr. 1 und 2 können wir uns jetzt Punkt 3 zuwenden: *Sie müssen Ihre Steuererklärung machen.* Manche Leute machen ihre Steuererklärung gern selbst. Andere lassen sie lieber von einem Steuerberater vorbereiten. Das liegt ganz bei Ihnen. Doch wie auch immer: Wenn Sie Ordnung in Ihren Finanzen haben und alle wichtigen Belege aufheben, wird das Ausfüllen der Steuererklärung keine größeren Schwierigkeiten bereiten. Den Schmerz der Steuerzahlung kann jedoch leider keine noch so gute Organisation lindern.

Wenn Sie diese finanziellen Realitäten im Griff haben, besitzen Sie genügend Wissen und Mut, um neuen Herausforderungen zu begegnen, wie z.B. einen Haushaltsplan zu erstellen. Das ist an sich keine besonders spannende Tätigkeit. Aber eine solche Finanzplanung bedeutet, daß wir in der Lage sind zu

sparen − d.h. regelmäßig eine gewisse Summe abzuzweigen, für neue Wohnzimmermöbel, eine besondere Reise oder ähnliches.

spenden − Sie werden in der Lage sein, regelmäßig Projekte oder Organisationen zu unterstützen, die Ihnen am Herzen liegen.

planen — Sie und Ihre Familie werden sich Wünsche erfüllen können, von denen Sie bis jetzt nur träumen konnten.

Sehen Sie, wir sind im ganzen Kapitel ohne Tabellen oder Diagramme ausgekommen. Aber dies sind natürlich nur die Grundlagen. Wenn Sie sich noch intensiver mit Finanzangelegenheiten beschäftigen wollen, erweitern Sie Ihr Wissen durch Bücher oder Kurse.

Und was haben Sie davon? Abgesehen von dem beruhigenden Gefühl, Ihre Finanzen im Griff zu haben, wird Ihnen mit Sicherheit auch extra Geld zur Verfügung stehen, weil Ihre Schecks nicht mehr „platzen" oder weil Sie für Ihre Erparnisse und Investitionen Zinsen erhalten.

14   Photoalben

Wenn ein Bild tausend Worte wert ist, was ist dann ein Negativ wert?

Sandra Felton

Wenn ein änderungswilliger Messie sich an die langwierige, aber befriedigende Aufgabe macht, mit Hilfe der Mount Vernon-Methode sein Haus in Ordnung zu bringen, findet er in der Regel an allen möglichen Stellen Umschläge mit Photographien. Sie liegen in der Schreibtischschublade im Wohnzimmer oder in einer Kommodenschublade im Schlafzimmer. Sie lagern auf einem Regal in der Abstellkammer. Zuweilen findet der fleißige Messie gar unentwickelte Filmrollen.

Nun beginnt die Schwierigkeit. Wir müssen einen Plan machen, um dieser Photolawine Herr zu werden. Das ist eine besonders heikle Aufgabe, denn hier handelt es sich ja um mehr als Papierstücke — es sind Erinnerungen, Erinnerungen an Ereignisse in unserer Familie. Es sind Momente unseres Lebens, die hier eingefangen und festgehalten wurden. Diese Zeiten und Ereignisse werden nie wiederkehren. Kurz, unsere Photos sind persönliche und unersetzliche Schätze. Und wir sind die Verwalter dieser unschätzbaren Werte.

Das bringt uns zu der Aufgabe, diese Schätze der Nachwelt zu erhalten. Und schon stellen sich uns zwei schier unüberwindbare Hindernisse in den Weg.

1. Die Photos sind nicht geordnet. Manche sind so alt, daß wir uns noch nicht einmal entsinnen, wann sie aufgenommen wurden und wen sie darstellen. Natürlich müssen die unentwickelten Filme zunächst einmal entwickelt werden,

133

bevor wir überhaupt erkennen können, aus welcher Zeit sie stammen.

2. Wir nehmen auch diese Aufgabe ganz genau. Wenn wir unsere Photos eingeklebt haben, möchten wir sicher gehen, daß sie genau chronologisch geordnet sind. Wir haben also das ganze Haus nach Photos durchstöbert, sie alle in einer Schachtel aufbewahrt und viel Geld für die Entwicklung der Filme ausgegeben. Nun scheuen wir uns aber, mit dem Einordnen zu beginnen. Warum? Weil wir befürchten, daß vielleicht irgendwo noch ein Stapel Photos herumliegen könnte, den wir übersehen haben. Wenn wir unser Album fertig hätten und dann diese Photos fänden, müßten wir von der Stelle an, wo die betreffenden Bilder hingehören, alle anderen Photos wieder umarrangieren. Das wäre doch sehr mühsam. Ist es da nicht besser, zu warten, um sicherzugehen, daß nicht irgendwo doch noch ein Umschlag herumliegt? Und so schieben wir vor lauter Perfektionismus diese Aufgabe wieder vor uns her.

Fassen Sie Mut! Denn es gibt Hoffnung! Hier sind die Schritte, die Sie tun müssen, um auch dieser Herausforderung zu begegnen.

Ich nehme an, daß Sie nun alle Bilder in Ihrer Schachtel haben, die Sie finden konnten. (Als ich nach der Mount Vernon-Methode vorging und glaubte, endlich alle Bilder beisammen zu haben, entdeckte ich, daß mein Mann noch eine Schachtel mit Photos in seinem Schreibtisch aufbewahrte — dem einzigen Ort, den ich mit der Mount Vernon-Methode verschont hatte.) Zerbrechen Sie sich nicht den Kopf darüber, daß Sie noch ein Photo übersehen haben könnten. Fangen Sie trotzdem an. Ich verrate Ihnen später, wie Sie dieses Problem lösen können.

Zunächst müssen Sie einmal ein Album kaufen oder mehrere, wenn Sie sehr viele Photos haben. Kaufen Sie die größten, die Sie finden können. Am besten sind welche in Ringbuchform, deren Blätter mit einer Plastikfolie überzogen sind, unter der Sie die Bilder anordnen können. Nehmen Sie zu diesem Kauf zwei Ihrer Photos mit, eine vertikale und eine horizontale Ansicht, so daß Sie prüfen können, ob die Bilder nebeneinander auf eine Seite passen. Die Seiten mancher Alben sind ein wenig zu kurz für zwei vertikale Photos untereinander oder zu schmal für zwei horizontale nebeneinander. Sie wären doch sehr enttäuscht, wenn Sie zu Hause feststellen müßten, daß die Abmessungen Ihres neuerworbenen Albums nicht zu Ihrer Bildergröße passen.

Nun setzen Sie sich in Ruhe hin und suchen bei Ihren Photos nach Anhaltspunkten, zu welcher Zeit sie aufgenommen wurden. Nehmen Sie sie nicht aus den Umschlägen heraus, da Sie hier eventuell Hinweise zur Datierung finden: Vielleicht ist ein Datum auf den Umschlag gestempelt oder Sie finden einen Kassenzettel.

Jetzt beginnt die eigentliche Arbeit. Legen Sie die Photos in chronologischer Reihenfolge auf einem Tisch aus. Die Größe der Kinder, die Höhe der Bäume in Ihrem Garten, Leute, die schon weggezogen oder gestorben sind — all das sind wertvolle Hinweise. Wenn Sie umgezogen sind und verschiedene Häuser oder Wohnungen auf den Photos finden, ist das natürlich eine große Hilfe. Das gleiche gilt für Geburtstagskuchen: Manchmal steht das Alter des Geburtstagskindes auf dem Kuchen, oder Sie zählen die Kerzen.

Wenn Sie eine gewisse Ordnung in die Bilder gebracht haben, ordnen Sie sie in das Album ein. Stecken Sie kleine Papierstreifen mit Daten oder Kommentaren unter die Photos, da Sie die Albumseite nicht direkt beschriften können.

Manche Photos können Sie auch zerschneiden, damit sie besser in Ihr Album passen. Ein nichtssagender Hintergrund oder überflüssiger Platz an den Seitenrändern kann durchaus abgeschnitten werden, wenn das Bild so besser in unser Album paßt. Ignorieren Sie Ihren Mann, die Kinder oder andere Leute, die Ihnen aus dem Hintergrund zurufen: „Klebst du die Photos auch wirklich in der richtigen Reihenfolge ein?" und „Du *zerschneidest* die Photos doch nicht etwa?" Erwidern Sie lächelnd: „Ich weiß, was ich tue, und es wird euch dann schon gefallen."

Was geschieht nun, wenn sich Ihre schlimmsten Befürchtungen bewahrheiten und Sie tatsächlich entdecken, daß Sie einige Photos ausgelassen haben? Das ist der Grund, weshalb ich Ihnen zu einem Album mit losen Blättern geraten habe. Sie nehmen ganz einfach eine leere Seite aus dem Album und heften Sie an der Stelle ein, wo die restlichen Bilder hingehören — und Sie haben die Ordnung wiederhergestellt. *Lose* Seiten sind der Schlüssel für Ihr Problem, die Photos in die richtige Reihenfolge zu bringen.

Versuchen Sie, die ganze Arbeit in einem Rutsch zu erledigen, da Sie alle Ihre Photos an bestimmten Stellen auf dem Tisch plaziert haben. Wenn es Sie zu sehr anstrengt, so viele Entscheidungen zu treffen, müssen Sie die Arbeit vielleicht auf zwei Sitzungen verteilen. (In diesem Fall räumen Sie die Sachen bitte weg, so daß Ihr Haus nicht wieder so unordentlich aussieht. Ich weiß, daß Sie gleich morgen früh weitermachen, aber Sie wollen doch nicht, daß bis dahin alles auf dem Tisch herumliegt, oder?)

Und noch etwas. Sie haben sicher Schnappschüsse, die es nicht wert sind, in das Album aufgenommen zu werden. Also tun Sie das auch nicht. Werfen Sie sie fort, wenn Sie es übers Herz bringen, oder legen Sie sie in eine Schachtel mit der Aufschrift *Aussortierte Photos*.

Um dieses Problem in Zukunft zu vermeiden, versuchen Sie, Ihr Photoalbum stets auf dem laufenden zu halten. Sortieren Sie die Photos gleich nach der Entwicklung des Filmes ein. Ich schreibe jetzt immer die Jahreszahl auf den Geburtstagskuchen. Wir haben uns auch eine Kamera angeschafft, die automatisch das Datum jeder Aufnahme aufzeichnet.

Was geschieht nun mit den Negativen? Das ist eine gute Frage. Viele Leute lassen kaum einmal Abzüge von Negativen machen. Aber trotzdem, um Negative wegzuwerfen, muß man kaltblütiger sein, als die meisten Messies es sind. Solche Leute sind vermutlich gar keine Messies. Die Hauptregel bei Negativen heißt: „Vorsicht!", das heißt, man sollte sie überhaupt so wenig wie möglich in die Hand nehmen. Es kommen leicht Kratzer darauf, die auf dem Bild bleibende Spuren hinterlassen. Zur Aufbewahrung von Negativen kaufen Sie sich am besten durchsichtige längliche Umschläge oder Tüten. Legen Sie nun die Negative jeweils eines Films in solch einen Umschlag und beschriften Sie diesen dann mit Datum und Inhalt der Negative. Wenn Sie ganz korrekt sein wollen, können Sie noch die Seitennummern des Albums notieren, in dem die entsprechenden Bilder untergebracht sind. Aber Datum und Inhalt sollte genügen, um ein bestimmtes Negativ wiederzufinden. Die gefüllten Umschläge oder Tüten können nun in Ihrer Schachtel mit aussortierten Photos aufbewahrt werden (die jetzt mit *Aussortierte Photos und Negative* beschriftet wird). Oder Sie kaufen ein durchsichtiges Mäppchen aus Plastik mit einem Reißverschluß, das Sie im Ringbuch unterbringen können. Stecken Sie die Umschläge mit den Negativen in das Mäppchen und das Mäppchen ins Ringbuch.

So, jetzt haben Sie ganze Arbeit geleistet. Nun können Sie sich belohnen und diesen Anlaß mit Ihren Lieben feiern. Machen Sie ein schönes Essen und führen Sie danach die Alben vor. Sie haben etwas Besonderes geleistet. Gratulation!

15 Bettenmachen

Wenn Sie Ihr Bett machen, bekommen Sie eine Auszeichnung.
Ruth Krauss

Das tägliche Bettenmachen ist von Anfang an ein absolutes Muß im Programm der Anonymen Messies. Wenn eine Frau behauptet, sie sehe nicht die Notwendigkeit, täglich das Bett zu machen, wird es ihr überhaupt nicht gelingen, ihre Haushaltsführung zu ändern.

Das Hauptargument gegen Bettenmachen:

„Ich gehe morgens zur Arbeit und komme erst abends zurück. Ich bin den ganzen Tag nicht zu Hause, weshalb soll ich also das Bett machen?"

Diese Bemerkung ist ein Hinweis auf innere Einstellungen, die eine erfolgreiche Hausarbeit grundsätzlich verhindern.

1. Mangelnder Wunsch nach Schönheit und Ordnung um der Schönheit und Ordnung willen. Ob Messie oder nicht, jedem, dem es egal ist, ob er sich in einem Zimmer mit ungemachtem Bett ankleidet, der außer Haus arbeiten kann, ohne das Bett gemacht zu haben, und der zu einem ungemachten Bett nach Hause zurückkehren kann, mangelt es grundsätzlich an Interesse, den Haushalt in den Griff zu kriegen.

2. Schlechte Planung und Zeiteinteilung. Man braucht ein oder zwei Minuten, um ein Bett zu machen. Wenn eine Frau glaubt, daß sie sich nicht einmal ein oder zwei Minuten Zeit nehmen kann für eine Tätigkeit, die so wichtig und lohnenswert ist wie das Bettenmachen, wird sie sich auch

für andere Hausarbeiten nicht bewußt Zeit nehmen. Sie tut zwar, was getan werden muß, wie Geschirrspülen, damit genügend Geschirr für die nächste Mahlzeit da ist, aber es werden nur die dringensten Arbeiten erledigt. Sie kann sich gerade eben über Wasser halten.

3. Unwilligkeit, alte Gewohnheiten zu ändern. Wenn sich Messies in Cleanies verwandeln wollen, müssen alte Gewohnheiten weichen. Vielleicht bedeutet das für uns früher aufstehen, weniger Zeitung lesen, die Schulbrote abends vorbereiten oder ähnliches, aber ändern müssen wir uns. Sonst bleiben wir immer dieselben frustrierten Messies. Das Bett sollte gleich nach dem Aufstehen gemacht werden. Hier gibt es Probleme, die meistens mit dem Ehemann zusammenhängen. Deshalb einige Grundregeln.

Wenn Sie allein schlafen oder als letzte aufstehen, fangen Sie mit dem Bettenmachen an, während Sie noch darin liegen, das heißt, Sie streichen mit Ihren Armen und Beinen unter sich das Laken bis in die Ecken glatt.

Wenn Sie gemeinsam aufstehen, machen Sie das Bett gemeinsam. Dazu ist er meistens bereit, und es ist ja auch nur gerecht.

Wenn Sie vor ihm aufstehen, kann entweder er das Bett machen, oder Sie tun es, sobald Sie wieder den Raum betreten. Oder Sie machen Ihre und er seine Seite, wenn er aufsteht.

Wenn Sie das Haus verlassen, bevor er aufsteht, sollte er das Bett machen. Hier höre ich schon den Einwand: „Aber das wird er nie tun!" Vielleicht, aber wenn Ihr Haus zunehmend schöner wird, werden Sie erstaunt sein, mit welcher Begeisterung die Familie − in diesem Fall der Ehemann − diesen Zustand erhalten will.

Nun gibt es noch andere Fälle, wie Leute, die einen Mittagsschlaf halten oder Schichtarbeiter, die tagsüber schlafen müssen. Aber halten wir an der Grundregel fest: Wenn ein Bett leer ist, ganz gleich für wie lange, wird es gemacht.

Und jetzt zum Bettenmachen selbst.

Machen Sie keine große Aktion daraus. Sie brauchen nicht jede kleine Falte absolut glatt zu streichen. Es ist auch nicht notwendig, daß beide Seiten *genau gleich* aussehen. *Machen Sie einfach das Bett!*

Als weiteren Anreiz könnten Sie sich neue Bettwäsche und/oder einen Überwurf kaufen. Schönheit hält die Begeisterung wach. Und noch etwas: Wenn in Ihrem Schlafzimmer ein wüstes Durcheinander herrscht, wird sich Ihre Motivation zum Bettenmachen in Grenzen halten, weil die Wirkung der Schönheit im Chaos untergeht. Außerdem ist es schwierig, ein Bett zu machen, wenn wir vor lauter Büchern und Papieren gar nicht an das Bett herankommen.

Und jetzt kreuzen Sie an, was für Sie zutrifft:

☒ Ich mache mein Bett schon jeden Tag. Wenigstens eine Sache, die ich im Griff habe!

☐ Ja! Ich werde von nun an täglich das Bett machen, sobald es leer ist. Ich kann es kaum erwarten, bis ich morgen aufstehe!

☐ Nein. Ich glaube nicht, daß ich das Bett machen werde. Es ist mir nicht wichtig genug. Ich will, daß alles so bleibt, wie es ist.

Ich schlief auf der Couch. (Nur Decken zusammenlegen)
Gü macht sein Bett nur in Urlaub selbst. Ich mache es je tzt immer + gleich früh.

16   Arbeiten oder zu Hause bleiben

Der Ausdruck „eine Mutter, die arbeitet" ergibt eigentlich keinen Sinn.

Erma Bombeck

Viele Frauen haben die Frage der Berufstätigkeit für sich bereits positiv beantwortet. Alleinstehende, Verheiratete ohne Kinder, alleinerziehende Mütter und Mütter, denen ihre Berufstätigkeit wichtig ist, machen einen großen Anteil der arbeitenden Bevölkerung aus. Viele dieser berufstätigen Frauen sind Messies, die sich zusätzlich zu ihrem ohnehin schon unübersichtlichen Leben noch eine Berufstätigkeit außer Haus aufladen.

Maria ist gerade erst wieder berufstätig geworden. Wie viele Messies war sie entmutigt, daß sie seit ihrer Eheschließung den Kampf gegen den Haushalt ständig verlor. Es ist für sie eine Wohltat, morgens aufzustehen, sich fertigzumachen und dem häuslichen Chaos den Rücken zu kehren. Ihre Arbeit außer Haus ist natürlich angenehmer und befriedigender als die Unordnung und Hetze daheim. Wenn sie abends nach Hause kommt, ist ihr Messie-Lebensstil immer noch stressig, aber zumindest nur von kurzer Dauer. Maria denkt auch daran, eine Putzfrau einzustellen, sobald sie ihren Haushalt soweit geordnet hat, daß die Putzfrau arbeiten kann, und sie jemanden findet, der ehrlich und verläßlich ist. Wie sich ihr Ehemann diesem neuen Leben anpaßt, läßt sich zum jetzigen Zeitpunkt noch nicht absehen.

Maria ist kein Einzelfall. Dreiundfünfzig Prozent aller amerikanischen Frauen sind heute berufstätig. Von diesen sind sechzig Prozent Mütter mit Kindern unter achtzehn Jahren.

141

Die Berufstätigkeit hat für diese Frauen einen ganz unterschiedlichen Stellenwert. Für fünfundzwanzig Prozent der Frauen dient die Arbeit in erster Linie ihrer persönlichen Befriedigung, fünfzehn Prozent arbeiten aus wirtschaftlichen Gründen. Die Mehrheit der Frauen hat das Gefühl, daß ihre Arbeit für sie selbst und ihre Familie vorteilhaft ist. Aber die Berufstätigkeit ist auch mit einer enormen Belastung verbunden. Eine berufstätige Mutter leidet am meisten darunter, daß sie zuwenig Zeit für ihren Mann und besonders für ihre Kinder hat.

Man kann nicht alles haben. Die heutigen Frauen können Familienleben und Berufstätigkeit miteinander verbinden, aber sie können nicht alle Vorteile beider Lebensbereiche ausschöpfen. Wichtig ist, wie beide Bereiche miteinander in Einklang gebracht werden.

Bei vielen Alleinerziehenden, die allein den Unterhalt für sich und ihre Kinder verdienen müssen, spielt das keine Rolle. Hier geht es ums Überleben.

Wo der Mann oder beide Eheleute genügend Geld verdienen, haben Frauen Wahlmöglichkeiten, die die Arbeit außer Haus befriedigender gestalten.

Auch ich habe, wie jede berufstätige Frau, eine Wahl treffen müssen. Als ich heiratete, hatte ich keinerlei Berufserfahrung. Es war für mich ein beängstigendes Gefühl, daß ich mich nicht selbst erhalten oder meine Familie im Notfall unterstützen konnte, weil ich keine Berufsausbildung hatte. Als meine Kinder zwei und drei Jahre alt waren und ich ein weiteres Kind erwartete (welche Planung!), setzte ich meine Ausbildung fort. Ich ging zur hiesigen Universität, um mich nach Kursen für niedrigere Semester zu erkundigen. Dank einer Reihe überraschender Umstände bekam ich statt dessen ein Stipendium für ein Studium der Erziehungswissenschaften mit Magisterabschluß. Das bedeutete, daß ich keine Studiengebühren zu bezahlen brauchte. Mein Mann konnte bei den Kindern bleiben, wenn ich am Nachmittag und am Abend Kurse besuchte. Wir hatten eine sehr nette Kinderärztin, die uns zusagte, daß sie ins Haus käme, wenn eins unserer Kinder krank würde und ich mit unserem einzigen Wagen in der Uni wäre. Krankheit der Kinder ist ein großes Problem für Mütter, die berufstätig sind oder in der Ausbildung stehen. In Iowa gibt es übrigens zwei Krankenhäuser, in denen berufstätige Eltern gegen ein geringes Entgelt ihre kranken Kinder abliefern können. Das ist viel besser, als das kranke Kind allein zu Hause zu lassen oder krank in die Schule zu schicken. Aber ich entsinne mich gern, wie sehr ich die Liebe und Fürsorge meiner eigenen Mutter schätzte, wenn ich als Kind krank war. Diese Zeiten brachten uns einander besonders nahe.

Als ich mein Examen gemacht hatte, nahm ich eine Teilzeitbeschäftigung in einer Privatklinik an. Mein Baby wurde von einer erfahrenen großmütterlichen Frau aus unserer Kirche betreut, die in der Nähe wohnte und meinen Sohn als einziges Pflegekind hatte.

Meine beiden anderen Kinder besuchten den Kindergarten. Ich verbrachte viel Zeit mit den Kindern, da ich nur vierundzwanzig Stunden wöchentlich arbeitete. Diese Arbeitsstelle behielt ich sechs Jahre lang, und ich war sehr gern dort. Schließlich hatte ich jedoch das Gefühl, daß ich dort aufhören solle, weil ich in der Klinik auch einen Teil des Sommers arbeiten mußte. Das bedeutete, daß meine Kinder einen Großteil des Tages ohne Aufsicht zu Hause waren. Sie waren zu lange sich selbst überlassen.

So kündigte ich also und begann statt dessen eine Lehrtätigkeit in einer Privatschule, die auch meine Kinder besuchten. Das war geradezu ideal, da wir gemeinsam zur Schule und wieder heim gingen und die gleichen Ferien hatten. Der Beruf der Lehrerin ist für Mütter sehr empfehlenswert.

Meine Kinder sind jetzt erwachsen. Das „Baby" ist siebzehn. Die Arbeit bei den Anonymen Messies erfordert Zeit, Energie, und ich bin oft auf Reisen. Aber selbst jetzt ist meine Familie meine oberste Priorität. Ich passe meine anderweitigen Tätigkeiten der Familie an.

Dieses Anpassen der Berufstätigkeit an die Belange der Familie ist nicht nur eine weibliche Eigenschaft. Dr. James Dobson, der bekannte Psychologe, erzählte mir, daß er so viel herumgereist war und Vorträge über ein gutes Familienleben gehalten hatte, daß er seine eigene Familie dabei vernachlässigte. Daher beschränkte er seinen Dienst um seiner Familie willen auf die Stadt, in der er wohnte.

Ich erwähnte schon an anderer Stelle Gordon McDonald, einen Geistlichen mit unregelmäßigen Arbeitszeiten. Er berichtet in seinem Buch *Ordering Your Private World* (Wie Sie Ihr Privatleben in Ordnung bringen), daß er bestimmte Zeiten für seine Familie einplant, die dann nicht mehr anderweitig zur Verfügung stehen.

In seinem Buch *Your Money Matters* (Ihr Geld ist wichtig) berichtet der Finanzberater Malcolm MacGregor, daß er zwei Termine mit wichtigen Klienten abgesagt habe, um an einer Veranstaltung teilzunehmen, die für eines seiner Kinder wichtig war. Die Klienten waren darüber wohl nicht gerade erbaut.

Weil ich nicht die einzige Ernährerin meiner Familie bin, konnte ich um meiner Kinder willen große Kompromisse eingehen. Ich habe auch gerne gearbeitet. So kam ich aus dem Haus und erhielt interessante Anregungen. Den größten Teil dieser Zeit lebte ich als Messie, und daher sah unser Haus nicht gerade vorzeigbar aus. Wäre ich zu Hause geblieben, hätte das jedoch nichts an dieser Tatsache geändert, da ich nicht wußte, wie man es besser macht.

Ich weiß nicht, wie Frauen mit Familie es schaffen, regelmäßig vierzig Wochenstunden und mehr zu arbeiten.

Von Zeit zu Zeit bin ich eine Woche lang von neun bis fünf Uhr Geschworene am Gericht. Während dieser Woche schaffe ich fast nichts sonst. Zu Hause herrscht dann Ausnahmezustand. Mein Mann kauft Fertiggerichte, ich bin erschöpft und gehe früh zu Bett, es wird nicht geputzt usw. Hätte ich regelmäßig einen Achtstundentag, würde ich vermutlich meine Hausarbeit diesem Rhythmus anpassen. Aber im Moment kann ich mir nicht vorstellen, wie das aussehen könnte. Ich begreife nicht, wie Frauen mit einem vollen Arbeitstag diese Aufgabe befriedigend bewältigen. Aber viele tun das. Viele haben sogar eine Arbeitsstelle, die Überstunden erfordert. Eine Frau, die vollzeitig berufstätig ist und eine Familie hat, ist in unserer Gesellschaft den höchsten Belastungen ausgesetzt.

Wichtig ist auch, eine gute Betreuung für die Kinder zu finden, während die Mutter arbeitet.

Wie können wir sichergehen, daß die Betreuungsperson nicht die meiste Zeit am Telefon verbringt, während die Kleinen vor dem Fernseher sitzen? Wie können wir wissen, ob diese Person unseren Kindern die Wertvorstellungen vermittelt, die wir für wichtig halten?

Ich hörte kürzlich von einem Ehepaar, das in Untersuchungshaft ist, weil es in einem der besten Stadtviertel verschiedene Kinder mißbraucht hatte, die dem Paar zur Betreuung anvertraut waren. Das ist ein extremer Fall und sicherlich die Ausnahme. Aber müssen wir nicht vorsichtig genug sein, wenn es um unsere Kinder geht?

Wir wollen einmal annehmen, daß unsere Kinder in sicheren Händen sind. Welche Auswirkungen hat es aber auf Kinder, wenn sie nicht von den eigenen Eltern, sondern von Kindertagesstätten oder Tagesmüttern betreut werden? Hier gehen die Meinungen auseinander. „Es gibt keine verläßlichen Hinweise darauf, daß solche Betreuung eine negative Auswirkung auf die Kinder hat", meint ein Experte. Ein anderer ist der Ansicht: „Wenn Eltern wissen, daß sie nicht genügend Zeit haben werden, um ihr Kind in seinen ersten drei Lebensjahren selbst zu betreuen, sollten sie ihren Kinderwunsch grundsätzlich noch einmal überdenken."

Brenda Hunter, die Verfasserin des Buches *Where Have All the Mothers Gone?* (Wo sind all die Mütter geblieben?), zitiert die einzige Langzeitstudie zu den Auswirkungen der Tagespflege. Diese Ergebnisse waren vorwiegend negativ: Jungen waren weniger an Schularbeit interessiert, aggressiver und wenig anpassungsfähig. Auch Mädchen hatten Schwierigkeiten, sich einzugliedern und hatten später nicht so gute Erinnerungen an ihre Kindheit.

Die meisten Fachleute stimmen darin überein, daß es Unterschiede gibt zwischen Kindern, die zu Hause erzogen wurden, und jenen, die anderswo untergebracht waren. Man ist sich jedoch nicht einig, worin diese Unterschiede bestehen. Wer Kinder hat, sollte auf jeden Fall nicht automatisch annehmen, daß die Betreuung außer Haus keine negativen Folgen hat.

Für eine Mutter, die unbedingt arbeiten muß, gibt es nur eine Möglichkeit: Die bestmögliche Betreuung zu finden, die sie sich leisten kann.

Eine Frau, die die Wahl hat, ob sie außer Haus arbeiten geht oder nicht, muß eine solche Entscheidung immer im Blick auf das Wohl ihrer Kinder treffen. Was für ein Vorrecht ist es, unsere Kinder erziehen zu dürfen!

Auch andere Aspekte der Berufstätigkeit müssen bedacht werden. Wir brauchen Zeit für uns selbst – Zeit zum Nachdenken, zum Lesen, zum Träumen und Planen; Zeit, um uns zu pflegen; Zeit, uns unseres Lebens zu freuen.

Wir brauchen auch Zeit für unseren Ehemann. Die meisten berufstätigen Frauen haben das Gefühl, daß sie nicht annähernd genug Zeit für ihren Mann haben.

Wir brauchen Zeit für unsere Hausarbeit. Das ist eine wichtige Überlegung für einen Messie, besonders einen, der sich ändern will. Wenn Frauen berufstätig sind, wird die Haushaltsführung zu einem größeren Konflktherd in der Familie als zuvor. Berufstätige Frauen erwarten von ihren Männern, daß sie mehr Verantwortung im Haushalt übernehmen, als diese zu tragen bereit sind.

Nur ungefähr ein Drittel der berufstätigen Frauen ziehen in Betracht, daß sie von ihren Männern Unterstützung erfahren in der Haushaltsführung, beim Einkaufen oder der Vorbereitung der Mahlzeiten. Diese Zahl stammt aus dem Buch von Jeanne Bodin und Bonnie Mitelman, *Mothers Who Work* (Berufstätige Mütter). Siebenundzwanzig Prozent der Männer helfen beim Saubermachen. Das bedeutet natürlich, daß dreiundsiebzig Prozent nicht bei dieser Arbeit helfen.

Insgesamt ist es jedoch so, daß die Männer heute eher zur Hilfe bei der Hausarbeit bereit sind, als es früher der Fall war. Männer sind grundsätzlich der Ansicht, daß man seiner Frau im Haushalt helfen solle. Manche jüngere Männer übernehmen vielleicht williger einen Teil der Hausarbeit, weil ihre Mütter berufstätig waren und sie schon als Kinder im Haushalt mithelfen mußten. Männer, die später heiraten und längere Zeit allein gelebt haben, helfen in der Regel auch eher im Haushalt. Insgesamt bleibt die Hausarbeit jedoch größtenteils die Domäne und Verantwortung der Frau. Hier hat sich noch nicht viel geändert.

Ich kenne eine junge Frau, die eine Stelle als Sekretärin in einem Kirchenbüro antreten wollte, um zusätzlich Geld für ihre Familie zu verdienen. Ihr Mann war unter der Bedingung damit einverstanden, daß weder die Kinder noch er selbst noch der Haushalt in irgendeiner Weise vernachlässigt würden. Die Frau tat gewissenhaft ihre Arbeit und setzte sich mit gleicher Kraft für die häuslichen Belange ein. Als ich zuletzt von ihr hörte, wurde sie gerade mit einem blutenden Magengeschwür ins Krankenhaus eingeliefert.

Wegen der unglaublichen Belastungen, unter denen wir stehen, müssen Messies, besonders Messies, die außer Haus arbeiten, sich die Grundsätze der Anonymen Messies zunutze machen. Wir müssen uns Ziele setzen, vom Idealzustand unseres Hauses träumen, unsere Tendenz zum Zaudern überwinden, unsere Sammelleidenschaft in den Griff bekommen, unsere Zeit sinnvoll einteilen und uns erprobte Kenntnisse und Kniffe der Haushaltsführung aneignen. Wir müssen sorgfältig Prioritäten setzen, da wir nicht alles haben können.

Wir können unsere Berufstätigkeit unter verschiedenen Gesichtspunkten sehen. Einige Frauen sehen ihre Hauptaufgabe in der Erziehung der Kinder. Agatha Christie schrieb immer mal zwischendurch, wenn keine anderen dringenden Angelegenheiten der Familie sie in Anspruch nahmen. Ihre Familie und Freunde merkten offensichtlich gar nicht, daß sie so viele Bücher schreiben konnte, weil diese Tätigkeit sich sehr gut mit ihrem Familienleben verbinden ließ. Einmal nahm sie sich von ihrer freiwilligen Arbeit im Krankenhaus für drei Tage frei. In dieser Zeit schrieb sie Tag und Nacht und vollendete einen ganzen Roman. Aber sie war im Grunde eine „Familienmutter".

Für andere Frauen ist eher die Rolle als Partnerin ihres Mannes wichtig. Ein extremes Beispiel: Ein Ehepaar, wir nennen sie die Thompsons, planen, ungefähr dreitausend Kilometer voneinander entfernt zu wohnen, weil die Frau versetzt worden ist. Einer lebt in Miami, Florida, der andere in St. Paul, Minnesota. Sie wollen sich zweimal monatlich für eine gewisse Zeit in Städten und Badeorten treffen, die sie von Miami und St. Paul aus leicht erreichen können. Sie führen eine Ehe auf Entfernung. Andere Frauen sehen sich als Versorgerin der Familie. Für diese Frauen hat ihre Arbeit einen sehr hohen Stellenwert — sie verdienen den Unterhalt für die Familie.

Für die Mehrzahl der berufstätigen Frauen treffen jedoch alle diese Rollen zu. Das kann sehr befriedigend sein, muß aber sorgfältig geplant werden, damit wir nicht die Rolle der Partnerin und Versorgerin über die der Erzieherin stellen.

Am Ende bleibt die Entscheidung Ihnen und Ihrer Familie überlassen. Wie sehen Sie sich selbst? Sie werden Erfolg haben bei dem, was Sie tun, wenn Sie alles gut organisieren und gleich zu Anfang Ihre Prioritäten festlegen.

17 Suchen und vernichten – Wegwerfen als letzte Hürde

Ich werde jeden Tag etwas wegwerfen, und ich werde mich bald immer besser fühlen.

Motto der Pack Rats Anonymous (Anonyme Packratten), Peg Bracken

Bei den Anonymen Messies benutzen wir gern freundlich klingende Ausdrücke. Wir sagen nicht *Schlampe*, sondern *Messie*. Wir sagen nicht *Packratte*, sondern *Sammler*, und wir sagen nicht *Ramsch*, sondern *Sachen*.

Vielleicht sollten wir im Falle unserer Unordnung die Sache tatsächlich beim Namen nennen. Was bei uns herumliegt, ist *Ramsch*. Ist das zu stark ausgedrückt? Dieser angesammelte Ramsch hat für mehr Frustration, Kummer, Verlegenheit und Streß gesorgt als jeder andere Bereich unseres Messielebens. Kein anderes Problem hat unsere Würde und Selbstachtung so sehr untergraben. Dieser Ramsch ist also eine große Beeinträchtigung für unser Leben, aber wir hängen an ihm und tragen immer mehr davon in unsere Wohnung. Sind wir Masochisten? Leiden wir gerne? Warum tun wir uns das an? Ist es denn wirklich so schlimm? Wie können wir Abhilfe schaffen?

Warum heben wir Ramsch auf?

Es gibt sehr gute Gründe, um all diese Dinge aufzubewahren, zumindest reden wir uns das ein. Wir besitzen ganz bestimmte Persönlichkeitsmerkmale, die uns zum Sammeln veranlassen. Wir sind:

Intellektuell. Zeitungen, Bücher, Aufzeichnungen aus dem Studium — wer weiß, welche Schätze sich darin verbergen oder wann wir einmal auf sie zurückgreifen werden? Natürlich müssen wir sie aufheben.

Als ich mein Haus nach der Mount Vernon-Methode in Ordnung brachte, entschloß ich mich schweren Herzens, mich von vielen meiner Bücher oder Aufsätze aus dem Studium zu trennen. Stolz brachte ich sie in einen Buchladen, der antiquarische Bücher aufkaufte. Der Inhaber würde sich glücklich schätzen, diese Sachen zu bekommen, vorausgesetzt, er würde mir einen anständigen Preis dafür zahlen. Welche Enttäuschung mußte ich erleben. Man wollte meine Sachen gar nicht haben, selbst *wenn ich sie umsonst hergäbe.* Alte Texte aus dem College sind ziemlich nutzlos und in vielen Fächern sehr schnell veraltet. Ich vererbte meine Schätze schließlich der Heilsarmee. Früher waren Bücher, sowohl vom äußeren als auch inhaltlich, für die Dauer bestimmt. Heute sind viele Bücher Massenware auf minderwertigem Papier und nicht sehr haltbar gebunden. Sie sind dazu bestimmt, gelesen und weggeworfen zu werden wie Papiertaschentücher. Gesammelt werden sie höchstens in Bibliotheken. Dasselbe gilt für Zeitschriften.

Vor einiger Zeit berichtete mir eine Freundin, daß sie mein Photo in einer Zeitschrift gesehen hätte, die sie am Tag zuvor mit der Post erhalten hatte.

„Hast du auch den Artikel über Ferien in englischen Schlössern gelesen?" fragte ich sie.

„Leider nicht. Wie schade. Ich hab die Zeitschrift schon weggeworfen. Ich mag nicht, wenn die Zeitungen sich stapeln." Sie ging fröhlich weiter, und ich blieb schockiert zurück. Ein Tag! Und die Zeitschrift war schon auf dem Müll gelandet. Wie konnte sie nur! Messies glauben: *Cleanies sind einfach geistlos.*

Kreativ. Messies haben ungewöhnliche Ideen für die Verwertung von Abfall. Aus leeren Garnspulen kann man ein Babyspielzeug basteln. In Joghurtbechern kann man Setzlinge ziehen. Seiten aus dem *Reader's Digest* kann man falten und besprühen, so daß sie wie ein Weihnachtsbaum aussehen.

„Die Garnrollen, Joghurtbecher und *Reader's Digests* hebe ich auf, falls ich mal Zeit habe, daraus etwas zu machen", sagen wir uns selbst. Cleanies schmeißen das Zeug weg. Messies denken: *Cleanies sind eben einfallslos.*

Vorausdenkend. Ein Grund für die Sammelleidenschaft von Messies ist ihre Annahme, sie könnten all diese Dinge in Zukunft einmal gebrauchen. „Wenn ich irgend etwas wegwerfe, kann ich es garantiert am nächsten Tag gebrauchen", sagen wir oft.

Das trifft auch manchmal zu. Am nächsten Tag finden wir tatsächlich eine Verwendung für den Gegenstand, den wir so achtlos weggeworfen haben, und wir fühlen uns bestätigt: *Ich habe doch gewußt, daß ich das nochmal brauchen würde.*

Manchmal denken wir mit Absicht so. Nachdem wir etwas weggeworfen haben, wollen wir uns eine Lektion erteilen. So erfinden wir eine Verwendung für den Gegenstand, von dem wir uns getrennt haben. Wir bestrafen uns sozusagen dafür, daß wir etwas weggeworfen hatten. Das hindert uns dann daran, uns in Zukunft von überflüssigen Dingen zu trennen.

Manchmal brauchen wir schnell einen Lippenstift, und wir finden eine fast leere Hülle, aus der wir mit Müh und Not noch etwas Farbe auf unsere Lippen bringen. Oder wir können dem Kindergarten eine ganze Ladung Eierkartons vermachen, die sie gerade zum Basteln brauchen. Das ist dann eine Bestätigung für uns: *Wie gut, daß ich alles aufhebe!* Doch die wenigen Male, die unsere Sammlungen tatsächlich jemandem nützlich sind, wiegen nicht die Belastung auf, all diesen Ramsch tagtäglich um sich zu haben. Außerdem wüßten wir, wo die guten Lippenstifte liegen, wenn wir unseren Haushalt geordnet hätten.

Es ist unangenehm, wenn wir feststellen, daß wir etwas benötigen, was wir vor kurzem weggeworfen haben.

Aber es ist viel unangenehmer, mit all den gehorteten Dingen zu leben, die wir vielleicht eines Tages brauchen könnten.

Messies denken: Cleanies treffen keine Vorsorge für die Zukunft.

Sparsam. In einer alten griechischen Geschichte wird von einem verkrüppelten Mann erzählt, der einen starken, gesunden Mann bat, ihn über den Fluß zu tragen. Der Gesunde war einverstanden, und so hängte sich der Krüppel an seinen Rükken. Als sie das andere Ufer erreichten, wollte der verkrüppelte Mann den anderen nicht loslassen. Er klammerte sich so sehr an ihn, daß der andere ihn nicht mehr loswerden konnte. Der gesunde Mann bezahlte den Rest seines Lebens für seine Entscheidung, dem Krüppel einen Gefallen zu tun. Er mußte ihn sein ganzes Leben lang tragen.

So ist es auch mit unserem Besitz. Wenn wir Dinge anschaffen und sie in unser Haus tragen, werden wir sie nicht wieder los. Sie bleiben uns unser ganzes Leben lang erhalten.

Die Schuhe, in denen wir Blasen bekommen (die aber so teuer waren), der Staubsauger, der nicht mehr funktioniert (aber vielleicht doch eines Tages wieder funktionstüchtig gemacht werden kann), der Heimcomputer, den niemand bedienen kann („Aber in Zukunft wird man gar nicht mehr ohne ihn auskommen") — all diese Dinge kosten uns Geld. Wir müssen sie unser ganzes Leben lang behalten, auch wenn sie nur eine Belastung für uns sind, um die Richtigkeit unserer Anschaffung zu rechtfertigen. Messies glauben: *Cleanies werfen gute Sachen weg. Sie schätzen nicht den Wert dieser Dinge.*

Tüchtig. Messies sind in vielerlei Hinsicht sehr tüchtige Menschen. Sie horten all diese Sachen auch aus dem Grund, weil sie glauben, damit umgehen zu können. Dieses Bewußtsein können sie sehr lange aufrechterhalten. Selbst, wenn es für ihre Umwelt offensichtlich ist, daß die Sammelleidenschaft des Messies außer Kontrolle gerät, sagt dieser immer noch:

„Ich räum das auf, wenn ich genug Zeit habe."

„Wir bauen ja das Dachgeschoß aus."

„Wir kriegen doch einen Schuppen."

„Ich räume den Keller um."

Messies glauben: *Cleanies können so viele Sammlungen gar nicht bewältigen. Sie müssen sich von manchen Dingen trennen. Ich kann aber damit umgehen.*

Wertbewußt. Ich habe eine gußeiserne Bratpfanne weggegeben. In meiner Familie macht man seit Generationen Maisbrot in einer gußeisernen Pfanne. Diese Pfanne war ein Familienerbstück, eine wirklich gute Pfanne, die so heute gar nicht mehr hergestellt wird.

Doch ich selbst mache Maisbrot viel lieber in anderen Formen. Ich hatte keine Verwendung für eine gußeiserne Pfanne. Abgesehen davon sind gußeiserne Pfannen schwer zu reinigen. Ich habe eine gute Pfanne weggegeben, aber für mich war sie nicht geeignet. Messies denken: Cleanies wissen Qualität nicht zu würdigen.

Hilfreich. „Vielleicht kann jemand den noch mal gebrauchen", sagen wir und stopfen den kaputten Strumpf in einen Sack. „Vielleicht kann man damit ein Kissen stopfen. Baumwollstrümpfe sind besser als Synthetikfüllungen."

„Vielleicht kann jemand das noch mal gebrauchen", sagen wir und heben das Zubehör des kaputten Staubsaugers auf.

So ist unser Haus angefüllt mit alten Strümpfen, Zubehör von alten Staubsaugern und anderem alten Kram, den wir ewig horten, weil wir anderen behilflich sein wollen. Messies glauben: *Cleanies denken nur an sich selbst.*

Sentimental. „Das habe ich von Tante Doris zu meinem zehnten Geburtstag bekommen."

„Ach schau mal, mein Badeanzug, den ich als Teenager getragen habe!"

Und der schwerste „Fall": „Das stammt alles von Mutti. Sie hat mir ihren ganzen Besitz vererbt."

Viele Dinge, die unsere Wohnung vollstopfen, haben wir geerbt.

Hier müssen wir uns fragen, ob wir diese Dinge heute wirklich brauchen und uns nicht von sentimentalen Gefühlen beherrschen lassen. Messies denken: *Cleanies haben keinen Sinn für die Vergangenheit.*

Hoffnungsvoll. Für mich war es eine schockierende Erkenntnis, daß andere Leute die Dinge, die ich aufgehoben und wertgeschätzt hatte, gar nicht haben wollten. Ich halte viele Sachen für wertvoller, als sie wirklich sind. Nun gibt es ja tatsächlich Dinge, die mit der Zeit im Wert steigen. Informieren Sie sich. Sind Sie wirklich sicher, daß Ihre Sammlung eines Tages wertvoll werden könnte? Es ist doch eher unwahrscheinlich, daß Ihre Familie nach Ihrem Tod in Verzückung über einen ungewöhnlichen Fund gerät. Sie werden das Ding schätzen lassen und sagen: „Wie klug war Mutti, daß sie das aufgehoben hat. Es ist jetzt so wertvoll." Vermutlich nicht. Wenn Sie eine Sammlung als Wertanlage beginnen wollen, holen Sie den Rat von Fachleuten ein. Mir sind auf diese Weise die Augen geöffnet worden. Ich ging mit einer Schachtel voller Schätze in einen Laden und kam mit derselben Schachtel wieder heraus: Die Schätze waren bloßer Ramsch. Ich war traurig, aber ein Stück weiser. Ich hatte alles umsonst gesammelt. Messies denken: *Cleanies erkennen nicht, daß die Dinge, die wir aufheben, eines Tages sehr wertvoll werden können.*

So versuchen wir uns selbst davon zu überzeugen, wie klug wir sind, den ganzen Plunder zu horten, und wie unverständig die Cleanies sind, die alles fortwerfen. Unser Leben ist jedoch chaotisch und frustrierend. Ihres ist geordnet und friedlich, zumindest was den Haushalt betrifft.

Messies haben eine sehr persönliche Beziehung zu ihrem Besitz. Das macht es uns schwer, uns von dem, was wir angesammelt haben, zu trennen. All diese Dinge sind der Beweis dafür, daß wir ein geschäftiges und erfülltes Leben führen. Wenn wir Dinge weggeben, haben wir das Gefühl, als hätten wir einen Teil unserer Persönlichkeit weggegeben.

Wer sich mit vielen Besitztümern umgibt, will damit oft seinen Wert beweisen. Messies sammeln Dinge, die gerade „in" sind, selbst wenn sie sie gar nicht brauchen. Wenn sie Interesse an Sport haben, schaffen sie sich beispielsweise Jogging-schuhe, Jogginganzüge und anderes Zubehör an, selbst wenn sie nur selten joggen. Sind sie an Handarbeiten interessiert, horten sie vielleicht Kartons mit Stoffen und Schnittmustern, auch wenn sie schon lange nichts mehr genäht haben. Manche Messies haben ein Musikinstrument herumstehen, das sie schon seit Jahren nicht gespielt haben oder überhaupt nicht spielen können. Diese Symbole zeigen, daß ihre Besitzer Jog-ger, Schneiderinnen oder Musikerinnen sind, ob sie diese Tätigkeiten nun ausüben oder nicht. Sie erhöhen das Selbst-wertgefühl der Messies.

Auf der anderen Seite verursachen diese Utensilien jedoch auch negative Gefühle. Die unbenutzten Jogginganzüge, Näh-materialien oder Instrumente setzen ihre Besitzer unter zu-sätzlichen Druck. Sie nehmen sich fest vor, diese Dinge eines Tages in Angriff zu nehmen. In der Zwischenzeit sinkt ihre Selbstachtung immer tiefer, weil ihnen bewußt wird, daß sie diese Vorhaben immer wieder vor sich herschieben.

Ich erinnere mich, wie ich selbst zu der Einsicht kam, daß Nähen nicht meine Sache ist. Ich wurde in meinem Leben von zwei Anfällen von Nähleidenschaft befallen, habe mich aber sehr schnell von beiden erholt. Es ist gut und bewunderns-wert, wenn Leute ihre Kleidung selbst nähen können. Aber ich kam zu dem Schluß, daß es eben nichts für mich ist. Als ich mich dieser traurigen Wahrheit stellte, gab ich zwei große Kartons voller Stoffe weg. Ich erinnere mich sogar noch an einen wun-derschönen grünen Wollstoff mit schwarzen Knötchen darin. Diese Kartons mit Nähmaterial waren für mich wie der verkrüp-pelte Mann, der auf dem Rücken seines Wohltäters getragen wurde. Als sie weg waren (die Heilsarmee war wieder die glückliche Erbin), war ich erleichtert. Die Stoffe waren wunder-schön, aber es war noch schöner, daß sie nicht mehr da waren.

Wir müssen uns selbst kennenlernen und unsere eigenen Prioritäten setzen. Solange wir versuchen, all das zu sein, was wir an anderen bewundern, verstricken wir uns nur in Chaos und Frustration. Wir schwimmen mit dem Strom. Wir sollten statt dessen unsere Begrenzungen annehmen. Besser noch, wir sollten uns Grenzen setzen. Setzen Sie sich Prioritäten und ordnen Sie alles andere diesen Prioritäten unter. Das braucht vielleicht etwas Zeit. Es dauerte eine Weile, bevor ich mich der Tatsache stellen konnte, daß ich wirklich keine Lust zum Nähen hatte, obwohl ich es mir eigentlich schön vorstellte. Nehmen Sie sich so an, wie Sie sind, und leben Sie danach. Und vergessen Sie nicht: Wenn Sie sich einmal von überflüssigen Dingen befreien, müssen Sie diesen Zustand aufrechterhalten, sonst wird sich wieder alles mögliche ansammeln.

Woher kommen die überflüssigen Dinge?

Woher kommt all der Plunder? Ich nenne im folgenden einige „Quellen", so daß wir in Zukunft auf der Hut sein können.

1. **Hobbies** – Ausrüstungen, Utensilien und Papiere wie Zeitschriften und Gebrauchsanleitungen.

2. **Vereine und Organisationen** – Musikverein, Fußballclub, Pfadfinder, Frauengruppen, Menschenrechtsorganisationen, Naturschutz usw.

3. **Urlaub** – Landkarten, Prospekte und Souvenirs.

4. **Geschenke** – Was mache ich mit dem Mickymaustablett, das meine Tochter aus New York mitgebracht hat? Wohin mit der kitschigen Keramikkachel, die mir ein Missionar aus Brasilien geschenkt hat?

5. **Erbstücke**

6. **Kaputtes und Verlorenes** – Die Tasse mit abgebrochenem Henkel, die wir in der Hoffnung aufheben, daß wir einmal

Zeit haben, sie zu reparieren. Oder ein Plastikdeckel ohne Dose.

7. **„Alt, aber immer noch brauchbar"** – Ausgeblichene Vorhänge (vielleicht kann man sie färben) und alte Hosen (kann man noch zu Hause anziehen).

8. **„Aus der Mode"** – Schlipse, ein zu kurzes Kleid (aber vielleicht kann man es verlängern) und kaum getragene Schuhe (sie drücken). *meine weißen!*

9. **Papiere** – Flugblätter, Werbeprospekte, Quittungen, Zeitschriften und ähnliches.

10. **Kinder** – Schulhefte, Bastelmaterial, Sammlungen, Spielsachen, Malbücher usw.

11. **Religion** – Man kann doch keine religiösen Bücher oder Zeitschriften wegwerfen, oder? Das grenzt ja an Gotteslästerung!

12. **Wohnungseinrichtung** – Verstaubte Trockenblumen, alte Bilder, womöglich in kaputten Rahmen.

Verwechseln Sie nicht echtes Sammeln mit dem Anhäufen von Ramsch. Sammler sind in der Regel wählerischer als Leute, die es sich zur Gewohnheit machen, alles aufzuheben. Sie behalten nicht einfach alles, bloß weil es alt, kaputt oder nostalgisch ist. Da gibt es zum Beispiel die Cleanie-Sammlertypen. Sammlungen jeder Art sind nicht einfach zu handhaben, selbst für Cleanies nicht, besonders, wenn es sich um Dinge handelt, wie Joyce sie sammelt (ein Cleanie, den ich im Handbuch für Messies erwähne). Sie sammelt kleine Tiere aus Holz, Kork, Muscheln, Keramik usw. Ihr Mann baute Fensterregale, um die Sammlung auszustellen. Sie standen auch auf dem Kamin und auf Tischen. Als sie in ein kleineres Haus umzogen, organisierte Joyce jedoch vier Flohmärkte in ihrer Garage. Sie verstaute ihre Schätze nicht in Kisten, um sie dann unter dem Bett, in der Abstellkammer oder in angemieteten Lagerräumen zu beherbergen. Sie verkaufte den größten Teil ihrer Sammlung. Auf meine Frage, wie sie sich nach dem Verkauf fühle, antwortete sie, sie sei von einer Last befreit. Einige Dinge vermißt sie jetzt, wie ein großes Keramiknilpferd oder Geschirr, das sie täglich benutzt hatte. Als sie mir das sagte, klang es jedoch sehr sachlich, nicht etwa verzweifelt oder bedauernd. Als ich gerade den Hörer auflegen wollte, sagte sie, unser Gespräch hätte sie angeregt, sich noch von einigen Kleidungsstücken zu trennen. Jemand hatte sie ihr geschenkt, aber sie gefielen ihr nicht.

„Ich werde sie jetzt gleich aus dem Schrank nehmen" meinte sie vergnügt.

Nicht jeder trennt sich so leicht von seinen Besitztümern wie Joyce. Gerade heute berichtete mir ein Messie, daß er sein Haus nach der Mount Vernon-Methode geordnet hätte. Er hatte alle Zimmer ausgeräumt und die Sachen schön säuberlich in Schränke verstaut. Wenn er einen Schrank aufmachte, kam ihm der ganze Plunder entgegen.

„Ich habe nun alles geordnet, aber ich habe das Zeug immer noch auf dem Hals. Soll ich mich wirklich davon trennen?" fragte er.

Inzwischen kam ein anderer Messie herein.

„Haben viele Messies einen solchen Sammeltick?" fragte er.

Ja, das haben sie (wir drücken das nur netter aus). Allen, die sich die Frage stellen: „Soll ich Dinge wegwerfen?", sei hier die Antwort gegeben: „JA, werfen Sie noch viel mehr weg!"

Zwischen Cleanie-Sammlern und Messie-Sammlern besteht ein Unterschied. Die ersteren können sich von ihren Sachen wieder trennen und tun das auch, selbst wenn sie es bedauern. Wenn Messie-Sammler Freude an einem geordneten Leben haben wollen, müssen sie lernen, den Schmerz zu ertragen, den sie bei der Trennung von ihren Besitztümern (oder sollen wir sagen „Ramsch"?) empfinden.

Erinnerungen oder Andenken

Warum horten wir Andenken,
die verwelken können, verlorengehen, verbrennen,
gestohlen werden oder Platz wegnehmen?

Andenken sind Sachen.
Sachen werden zu Plunder,
wenn sie keinen praktischen Wert haben.

Erinnerungen sind besser als Andenken.
Noch nie wurde eine Erinnerung gestohlen
oder ging verloren.

Andenken nehmen Platz weg,
der für wichtigere Dinge gebraucht wird.

Erinnerungen füllen unser Herz und unsere Seele —
es ist immer Platz für noch eine schöne Erinnerung.

Wäre es nicht schlimm,
wenn sich jemand Erinnerungen versagte,
um Platz für mehr Andenken zu schaffen?

Wäre es nicht schrecklich,
wenn jemand anderen
Erinnerungen verwehrte,
um Platz für seine eigenen Andenken zu schaffen?

Andenken können gestohlen werden,
verloren gehen oder verbrennen.
Weniger sind genug.

Erinnerungen bleiben uns unser Leben lang.
Schöne Erinnerungen können wir nie zuviele haben.

Robert, Ehemann eines Messies

Teil 4

Friedensgespräche

18   Leben
   (ohne Schuldgefühle)

Du schuldest es uns allen, deine Fähigkeiten zu entfalten.

W.H. Arden

Schuld ist ein seltsames Wort. In einem Lexikon wird Schuld definiert als „eine grobe Verletzung der allgemeinen Verhaltensregeln". Das ist Schuld im juristischen Sinn. Jemand begeht vielleicht ein schweres Verbrechen, sagen wir, er tötet einen Menschen und fühlt sich gar nicht schuldig. Manche zum Tode verurteilten Verbrecher spotten über ihre Verbrechen oder meinen, ihr Opfer habe den Tod verdient. Sie sind im juristischen Sinne schuldig, aber sie haben keine Schuldgefühle.

Eine andere Definition von *Schuld* ist: „Ein *Gefühl* des Versagthabens, besonders wegen eingebildeter Vergehen oder aus einem Bewußtsein der Unzulänglichkeit". In diesem Fall hat ein Mensch das Gefühl, Unrecht begangen zu haben − ob er es wirklich getan hat, spielt dabei keine Rolle. Das ist Schuld im psychologischen Sinn.

Wie verhält es sich nun bei Messies? Viele Messies schrieben mir, das „Handbuch für Messies" habe sie von großen Schuldgefühlen befreit. War das nun tatsächliche oder eingebildete Schuld?

Im 5. Kapitel: „Portrait eines Messies: Die Ursachen" erläuterte ich, weshalb manche Menschen Probleme mit der Organisation haben und andere nicht. Der Grund liegt meistens in einem Mangel an gewissen natürlichen Fähigkeiten, wie Überblick, Konzentration, Gedächtnis usw. Wenn diese Defizite einem Menschen ein Gefühl der Unzulänglichkeit vermitteln, reagiert er mit Schutzmechanismen wie Zaudern, Perfektionismus und Schuldgefühlen. Diese tragen dann ihrerseits dazu bei, die Leistungsfähigkeit des betreffenden Menschen herabzusetzen. Nach einer gewissen Zeit beschleicht manche Messies ein Gefühl der Gleichgültigkeit, und sie versuchen gar nicht mehr, Ordnung und Schönheit in ihr Haus zu bringen. Sie sagen beispielsweise: „Mir ist das Haus egal. Ich habe gelernt, damit zu leben. Ich habe andere Prioritäten." Sie versuchen, ihrer Schuld auszuweichen.

Die Ursachen der Schuldgefühle liegen in unserem eigenen Bewußtsein, den Erwartungen unserer Mitmenschen, einem objektiven Maßstab, dem wir nicht gerecht werden, oder in einer Kombination dieser Aspekte. Wir wollen uns diese drei Ursachen einmal näher ansehen.

1. Persönliche Erwartungen. Manchmal liegt die Ursache des Schuldgefühls in uns selbst. Messies fühlen sich in der Regel schuldig, weil etwas nicht richtig „funktioniert", nicht weil es unschön „aussieht". Wenn wir Dinge verlieren, kein sauberes Geschirr zum Abendessen haben oder keine Gäste einladen können, werden wir mit unserem Versagen konfrontiert, und das verursacht Schuldgefühle. Diese aus einer unbefriedigenden Lebensweise entstandenen Frustrationen und Schuldgefühle sind es, die die meisten Messies dazu veranlassen, Hilfe zu suchen. Der Wunsch nach Schönheit folgt von selbst, wenn wir unser Leben geordnet haben.

2. Erwartungen von außen. Unsere Mitmenschen, d.h. Ehemänner, Kinder oder Eltern erwarten von uns, daß wir das Haus oder die Wohnung in Ordnung halten. Manche Familienmitglieder leiden stumm, andere beklagen sich und wieder andere verlassen unseren Haushalt. Es trifft sicher zu, daß auch übereifrige Cleanies durch ihren übertriebenen Sauberkeitsfimmel schon Mitglieder ihrer Familie aus dem Haus getrieben haben. Aber viele sind auch schon dem häuslichen Chaos entflohen. Eine wissenschaftliche Untersuchung kam zu dem Ergebnis, daß das Thema, worüber die meisten Ehepaare streiten, nicht etwa Geld, Sex oder die Schwiegereltern sind, sondern der Zustand ihres Haushalts. Durch solche Auseinandersetzungen über den schlampigen Zustand des Hauses oder der Wohnung sind schon Ehen zerbrochen oder ist zumindest der Hausfrieden empfindlich gestört worden. Kommen in einer Ehe ein Messie und ein Cleanie zusammen, ist diese Beziehung meistens von einem großen seelischen Streß gekennzeichnet. Nun wird der Cleanie den Messie in der Regel daran hindern, allzusehr im Chaos zu versinken. Das ist ein Vorteil für den Messie. Gegensätze ziehen sich an, weil jeder einen sucht, der seine oder ihre Schwächen ausgleicht. Eine Messie-Frau mag sich von einem ordentlichen Mann angezogen fühlen, und er wiederum Gefallen finden an ihrer sorglosen Lebenseinstellung. Solange die Unterschiede nicht zu gravierend sind und die beiden sich lieben, ist diese Kombination ein großer Vorteil für den Haushalt des Messies. Ist die Ehe jedoch einmal großen Belastungen ausgesetzt oder steht der Mann unter großem beruflichen Streß und braucht ein friedliches Zuhause, in dem er sich erholen kann, wird die Geduld auf eine harte Probe gestellt, die Wogen gehen hoch, man wirft sich Dinge an den Kopf, die man eigentlich gar nicht sagen wollte, und schon ist die Ehekrise da.

Ein Mann aus Dallas rief mich an, um mir seine Probleme als Messie zu erläutern: „Ich sammle so gerne alle möglichen Sachen. Meine Zimmer sind richtig vollgestopft. Wegen dieser Sammelwut hat sich meine Frau letztes Jahr von mir scheiden lassen", erklärte er mir in sachlichem Ton. Aber ich frage mich, wie viele Monate oder Jahre er und seine Frau seelisch zermürbende Auseinandersetzungen geführt hatten, bevor ihre Ehe vor dem Scheidungsrichter endete. Ich frage mich, ob er diese ganze Angelegenheit wirklich so distanziert sehen konnte, wie es schien.

3. Nicht erreichte Maßstäbe. Manchmal fühlen wir uns schuldig, weil wir einen wichtigen Maßstab verletzt haben. Viele befürchten, sie hätten Gottes Gebot übertreten. So stehen sie jetzt vor zwei Problemen. Sie müssen nicht nur in einer chaoti-

schen Umgebung wohnen, sie haben auch das Gefühl, daß
Gott sie mit Mißfallen betrachte. Gott ist es sicher nicht gleichgültig, wie unser Haus oder unsere Wohnung aussieht, aber
nicht, weil er uns strafen will. Es ist ihm nicht gleichgültig, weil
er uns leiden sieht. Wir liegen ihm sehr am Herzen. Er hat uns
nach seinem Bild geschaffen und uns Würde verliehen. Er hat
einen besonderen Plan für unser Leben. Es läßt ihn nicht kalt,
daß wir ein frustriertes, unglückliches Leben führen, das uns
selbst und unsere Familie erniedrigt und demütigt. Wir brauchen uns nicht von Schuldgefühlen und Enttäuschungen läh-
men zu lassen, die uns daran hindern, der Mensch zu sein,
als den Gott uns geschaffen hat. Gerade weil wir nach Gottes
Ebenbild geschaffen sind, ist uns und unserer Familie ein unordentliches Haus zuwider. Gott ist ein Gott der Ordnung und
Schönheit. Wir sind nicht zufrieden und glücklich, wenn wir
nicht zumindest einen Abglanz dieser Eigenschaften auch in
unserem Leben sehen. So sehnen wir uns nach Ordnung. Und
wir empfinden Schuldgefühle, wenn wir den Maßstab der
Ordnung nicht erreichen, den wir uns gesetzt haben.

Ich glaube nicht, daß wir wegen unserer Haushaltsführung
auch nur einen Anflug von Schuldgefühlen zu haben brauchen.

Sie brauchen sich nicht selbst zu bestrafen, weil Ihr Haus im
Chaos versinkt. Enttäuscht? Ja, dieses Gefühl dürfen Sie sich
gestatten. Aber Schuldgefühle? Nein.

Wenn Sie bis jetzt geglaubt hatten, Sie *müßten* sich wegen
des Zustands Ihres Hauses schuldig fühlen, müssen Sie eine
hartnäckige Gewohnheit hinter sich lassen. Leute, die sich
wegen ihres Haushalts schuldig fühlen, haben im allgemeinen
auch wegen vieler anderer Dinge Schuldgefühle. Bitte versuchen Sie, solche Schuldgefühle so bald wie möglich loszuwerden.

Entwickeln Sie Ihr Selbstwertgefühl. Suchen Sie die Gesellschaft von Menschen, die Ihre Selbstachtung aufbauen, die
Ihnen Komplimente machen, die Sie wegen irgend etwas
bewundern, selbst wenn das nicht gerade Ihre Haushaltsfüh-

rung ist. Sie sind wertvoll, ob Sie das glauben oder nicht. Kein Mensch kann Ihnen Wert und Würde verleihen, aber Menschen können Ihr Wertgefühl untergraben. Es ist Ihre Aufgabe, Ihre Gefühle mit der Realität in Einklang zu bringen. Sie sind ein sehr wertvoller Mensch. Versuchen Sie, sich einmal darüber zu freuen.

Vielleicht gibt es Leute, die Sie wertschätzen, aber wenn sie Ihnen Komplimente machen, weisen Sie dieses Lob zurück. Schreiben Sie doch einmal alles auf, was Menschen an Ihnen mögen, und versuchen Sie das so anzunehmen, selbst wenn Sie kaum glauben können, daß es wahr ist.

Ich habe Ihnen schon an anderer Stelle geraten, die Menschen zu meiden, die Sie herabsetzen. Wenn Sie ihnen nicht ganz aus dem Weg gehen können, versuchen Sie ihr Gerede soweit wie möglich zu ignorieren. Sie sind ein Mensch mit Würde. Ein würdevoller Mensch läßt sich nicht von anderen herabsetzen.

Befassen Sie sich mit dem Bereich, der Ihre Selbstachtung untergräbt. Für Messies ist der Zustand ihres Haushalts einer der Hauptgründe für ihr negatives Selbstbild. Hier können wir zwei Dinge tun:

Erstens: Setzen Sie sich nicht so hohe Maßstäbe. „WAS!" höre ich von überall her Ihre Einwände. „Wir lesen dieses Buch, um den Zustand unseres Haushalts zu verbessern, und diese Frau untergräbt unsere Motivation und rät uns, unsere Maßstäbe herabzusetzen!"

Ein Leser, der dieses Buch für seine Messie-Frau gekauft hat, um ihr zu helfen, faßt soeben den Entschluß, es ihr doch nicht zu geben. *Wenn der Zustand des Haushalts noch schlimmer wird, werden wir alle ausziehen müssen,* denkt er.

Warten Sie noch einen Moment. Ich sagte, *setzen Sie sich nicht so hohe Maßstäbe.* Viele Messies sind durch unrealistisch hohe Maßstäbe gelähmt. Wir wissen, daß wir niemals so perfekt sein werden, wie wir es eigentlich sein wollen. Deshalb machen wir alle möglichen seltsamen Kompensierungsversuche, die am Ende ein unordentliches Haus hervorbringen. Zu hoch angesetzte Maßstäbe verhindern geradezu den Erfolg. Setzen Sie sich realistischere Ziele, dann wird sich Ihre Haushaltsführung verbessern.

Zweitens: Fangen Sie an, das Haus zu verändern. Lassen Sie es langsam angehen. Gehen Sie jeden Tag ein wenig nach der Mount Vernon-Methode vor. Erledigen Sie jeden Tag die notwendigen Arbeiten, und tun Sie dann noch etwas zusätzlich nach dieser Methode. Wenn Sie danach das Kartensystem einführen, seien Sie behutsam mit sich selbst. Nehmen Sie sich keine Arbeiten vor, mit denen zwei Putzfrauen einen ganzen Tag beschäftigt wären. Wenn Sie sich einmal eingearbeitet haben, können Sie Ihre Maßstäbe ja nach und nach anheben.

Denken Sie an die Träume und Ziele, die wir im Herzen haben. Diese Gedanken werden gleichsam von selbst Gestalt annehmen. Aber das geschieht nicht über Nacht. Ihre Träume müssen nicht *sofort* Wirklichkeit werden. Sie werden sie auch so nicht gleich vergessen. Haben Sie Vertrauen in die Kraft Ihrer Träume. Folgen Sie den vorher genannten Anregungen, um Ihre Motivation zu stärken. Führen Sie Selbstgespräche, hören Sie eine Kassette mit mutmachenden Worten und lesen Sie sich Ihre Ziele vor.

Entspannen Sie sich. Sie brauchen wegen Ihres Haushalts keine Schuldgefühle zu haben. Lassen Sie die Veränderung langsam angehen. Hören Sie nicht auf Ihren Mann, wenn er sagt: „Jetzt hab' ich dir dieses Buch gekauft, aber ich sehe nicht, daß es dir weiterhilft!" Gehen Sie in kleinen Schritten vorwärts. Seien Sie locker und fröhlich. Sie brauchen nicht durch ein makelloses Haus Ihren Wert zu beweisen. Sie sind ja schon ein wertvoller Mensch. Wenn Sie wirklich glauben, daß Sie ein Mensch mit Würde sind, werden Sie auch die Motivation haben, an Ihrem Haus weiterzuarbeiten, bis es zu einem Spiegelbild des wunderbaren Menschen wird, der Sie sind. Ein Mensch mit Würde lebt nicht im Chaos. Deshalb muß das Chaos weichen – langsam, aber sicher. Vielleicht werden dann auch Komplimente folgen. Dann freuen Sie sich darüber.

Aber unabhängig vom Lob eines anderen werden *Sie* wissen, wenn sich der Erfolg einstellt. Machen Sie sich selbst ein Kompliment. Belohnen Sie sich.

Sie können entspannt leben, weil Sie wissen, daß Sie den richtigen Weg eingeschlagen haben.

Was ist mit den Schuldgefühlen wegen Ihrer Vergangenheit, die ja nicht zu ändern ist? Bekämpfen Sie sie. Wenn Ihnen verurteilende Gedanken kommen, lassen Sie sie nicht zu. Sagen Sie sich einfach laut das Gegenteil vor, selbst wenn Sie es nicht glauben. Wiederholen Sie diesen Vorgang immer wieder.

Warum bin ich so gegen Schuldgefühle? Weil sie unnötig und unproduktiv sind. Schuldgefühle zehren an unserer Energie, entmutigen uns in unseren Bemühungen, vernebeln unsere Ziele und untergraben unsere Selbstachtung.

Die Annahme unseres Selbst, gekoppelt mit dem Bewußtsein für unsere Würde, macht den Weg frei für eine Veränderung. Wenn wir unser Versagen sehen, das unseren Maßstäben nicht gerecht wird, werden wir uns in Zukunft nicht selbst beschuldigen. Wir wollen statt dessen liebevoll beginnen, unsere Fehler zu korrigieren. Glauben Sie mir: Unseren Haushalt in den Griff zu bekommen, ist eine große Aufgabe. Wir können es uns nicht leisten, Zeit und Energie mit Schuldgefühlen zu verplempern. Wir haben zu tun.

Je mehr wir uns unseren Maßstäben nähern, desto weniger werden wir mit Schuldgefühlen zu kämpfen haben.

In dem Maße, wie das Haus geordneter und schöner wird, werden die Schuldgefühle durch Freude und Stolz ersetzt.

19 Freiheit
(die Freude am Alleinsein)

Die Unfähigkeit zur Stille ... ist einer der auffallendsten
Mängel der Menschheit.

Walter Bagehot

Heute hatten wir einen Elektrizitätsausfall in der Schule, an
der ich in Teilzeit unterrichte. In der ganzen Stadt gingen die
Lichter aus. Es war Zeit für mich, nach Hause zu gehen, aber
der Verkehr stadtauswärts verstopfte die Hauptverkehrsstra-
ßen, in denen auch die Ampeln ausgefallen waren.

Mein Leben kam unerwartet zum Stillstand. Ich hatte drei
Stunden Zeit. Zeit wofür? Da ich nicht wußte, was ich tun
sollte, setzte ich mich in die Schulbibliothek. Natürlich war
auch die Klimaanlage ausgefallen. Durch die offenen Fenster
hörte man gelegentlich Unterrichtsgeräusche aus den Klassen-
zimmern. Man spürte eine sanfte Brise, und es roch leicht
brenzlig (der Elektrizitätsausfall war durch ein Feuer entstan-
den, das ein Hauptkabel durchschmort hatte).

In einer Bibliothek liest man. So war ich unfreiwillig allein
mit einem Buch, der Brise und der Stille. Die Elektrizität sollte
für längere Zeit ausfallen. In den Nachrichten hieß es, daß der
südliche Teil des ganzen Staates davon betroffen war, d. h.
ungefähr drei Millionen Menschen. Würde ich heute abend
nach Hause fahren können, wenn die Ampeln immer noch
nicht funktionierten? Ivan und ich wollten heute abend eigentlich zum Essen ausgehen und uns hinterher einen Film im
Kino ansehen (was selten vorkommt). Würden diese Pläne
durchkreuzt werden? Wie sollte ich heute abend kochen?
Ich hatte Mitleid mit den Menschen, die in Aufzügen festsa-
ßen, und war froh, nicht auch in dieser Lage zu sein. Diese

Unsicherheit in bezug auf die unmittelbare Zukunft stand in deutlichem Kontrast zu dem geruhsamen Lesen. Selbst die Uhren waren zum Stillstand gekommen. Wir mußten zwei Stunden ohne Strom auskommen.

Dann kehrte plötzlich und unerwartet wieder Normalität ein. Die Schüler johlten, als die Klimaanlagen wieder angestellt und die Fenster geschlossen wurden. Das laute Geräusch der Klimaanlage in der Bibliothek übertönte die sanfte Brise und die Stimmen der Kinder, die draußen spielten. Das normale Leben war wieder eingekehrt. Doch wie angenehm hatte ich die erzwungene Unterbrechung meines geschäftigen Nachmittags empfunden, dieses ziellose Nichtstunmüssen oder das gerade Nächstliegende tun zu dürfen. Jetzt gerieten die Uhrzeiger und das geschäftige Leben wieder in Bewegung. Wie schade.

Der Stromausfall war mir gerade gelegen gekommen. Erst vor kurzem hatte ich angefangen zu begreifen, welchen Wert Zeit hat, die nicht vom Terminkalender diktiert ist. Zeit, die ich nur für mich habe. Frauen heutzutage sehnen sich nach Zeit für sich selbst. Da wir die Ursache dieser Sehnsucht nicht kennen, versuchen wir, unser Verlangen zu stillen, indem wir uns zerstreuen. Es ist, als ob es uns an irgendeiner Stelle juckt, unsere Hand aber nicht an diese Stelle hinreicht, damit wir uns kratzen können. Wir zerstreuen uns mit vielerlei Aktivitäten, ohne jedoch innerlich aufzutanken. Das vage, unbefriedigte Verlangen bleibt unbefriedigt.

Wir Frauen sind Gebende. Wir geben uns hin an unseren Mann und unsere Kinder, auch an unsere Pflichten. Aber wir brauchen einen Ort, an dem wir unsere seelischen und körperlichen Kräfte erneuern können. Anne Morrow Lindbergh schreibt in ihrem wunderbaren und sehr weisen Büchlein *Gift From The Sea* (Muscheln in meiner Hand), daß die stillende Mutter um so mehr Milch hat, je öfter sie ihr Kind stillt. Aber auch sie muß selbst immer wieder genug Nahrung aufnehmen.

In der Schwangerschaft und Stillzeit erhalten wir ein Leben, indem wir selbst unseren Körper dafür hingeben. Das ist nur der körperliche Aspekt dessen, wie wir Frauen emotional und auf vielerlei Weise im Leben derer wirken, die von uns abhängen. Es ist nicht so, daß wir diese Hingabe ablehnen. Wir wollen uns nur nicht wie selbstverständlich hingeben. Wir wollen nicht geben, ohne überhaupt nach unserem Einverständnis gefragt worden zu sein. Wir wollen nicht geben, wenn wir ausgelaugt sind und unsere Kraft nicht erneuert worden ist. Wenn man immer nur geben muß, ohne auch einmal nehmen zu können, ist der Kraftvorrat eines Tages aufgezehrt.

Unser modernes Leben ist nicht auf die Erneuerung von Seele und Geist ausgerichtet. Wir genießen alle Annehmlichkeiten dieses Lebens, haben aber dabei die innere Ruhe verloren. Eine Umkehr ist nur möglich, wenn wir alte Verhaltensmuster aufbrechen. Wir brauchen einen Raum der Stille, einen Ort der Stille und eine Zeit der Stille.

Als Kind war ich fasziniert von einem Buch mit dem Titel *The Secret Garden* (Der geheime Garten) von Frances Hodgson Burnett. Der Roman handelt von einem einsamen englischen Waisenkind aus Indien, das nun in einem englischen Herrenhaus in einer abgelegenen Moorlandschaft leben muß. Jenes Mädchen wird von der Dienerschaft und ihrem ständig abwesenden Vormund viel sich selbst überlassen. Eines Tages findet sie den Schlüssel zu dem versteckten Tor des geheimen und mysteriösen Gartens, der seit zehn Jahren unzugänglich und verwildert war.

Sie befand sich *im Inneren* des wunderschönen Gartens. Jederzeit konnte sie nun durch das von Efeu umrankte Tor eintreten, und sie hatte das Gefühl, als hätte sie eine Welt entdeckt, die nun ihr allein gehörte. Als sie nun ganz alleine Tag für Tag den verwilderten Garten bearbeitete, übte er seinen Zauber auf sie aus und später durch sie auf andere Menschen.

Wir Frauen heute haben ein kompliziertes und vielschichtiges Leben. Wir müssen Lebensmittel einkaufen. Wir kutschieren unsere Kinder zu Schwimmkurs, Ballet, Karatestunden, Musikunterricht und Arztterminen. Wir müssen mit Handwerkern verhandeln und unser Auto in die Werkstatt bringen. Und dann die tagtäglichen Pflichten: Waschen, Mahlzeiten zubereiten, Kleidung instand halten. Wenn wir dann einmal ein paar Minuten für uns selbst haben, z.B. wenn wir gerade unsere Kinder irgendwo abgesetzt haben und nun wieder heimfahren, schalten wir das Autoradio an, um die Leere zu füllen. Wenn wir zu Hause eine Ruhepause einlegen, hindert uns das eingeschaltete Fernsehgerät, uns über den Zustand unseres Lebens Gedanken zu machen. Diese Lebensweise haben wir selbst gewählt. Frauen, die genügend Geld haben, um eine Putzfrau oder ein Hausmädchen anzustellen, gehen dann anderen Tätigkeiten nach und sind ebenso beschäftigt wie ihre weniger begüterten Schwestern.

In Amerika herrscht ein hektisches Leben.

„Das ist eben der amerikanische Lebensstil", sagte meine Freundin. „Als wir zum ersten Mal wieder nach Amerika zurückkehrten (sie lebten in der Dominikanischen Republik), waren wir schier überwältigt von dem Warenangebot in Supermärkten und anderen Läden. Diesen Überfluß waren wir nicht gewohnt."

„Hast du das als positiv empfunden?" fragte ich sie.

„Ja. Zuerst fand ich das ganz toll. Aber nach einer Weile konnte ich diese Überfülle nicht mehr ertragen. Wir sehnten uns nach unserem einfacheren Lebensstil zurück."

Ein Soziologe verglich den amerikanischen Lebensstil mit dem einfacherer Kulturen, in denen die Menschen mehr Freiraum haben und die Männer nur ein paar Stunden am Tag arbeiten. Sein Kommentar dazu: „In hochtechnisierten Gesellschaften sind wir zu einem Leben der Schwerarbeit verurteilt."

Ein Mitglied unseres Lehrkörpers ließ das hektische Stadtleben von Miami hinter sich und zog in eine kleine Universitätsstadt in seinem Heimatstaat New York. Er schrieb uns einen Brief, der mich sehr zum Nachdenken brachte.

Dieser Mann war ein überaus begabter Mathematiker und ein ausgezeichneter Musiker dazu. Er hatte unsere Schule zu musikalischen Höhepunkten geführt – Chorkonzerte, Madrigalabende, Kammersänger! Daneben sang er selbst im Opernchor und gab Unterricht in Stimmbildung. Und all das neben seinem Mathematikunterricht.

Seine anmutige und sehr tüchtige junge Frau arbeitete ganztags als Sekretärin, gab am späten Nachmittag und samstags Klavierstunden und versorgte zwei kleine Kinder. Ich glaube, sie tippte auch noch Referate für Studenten.

Ich kann Ihnen nicht sagen, wie sehr ich die Produktivität und Tüchtigkeit der beiden bewunderte. Sie selbst und ihre Leistungen waren von jedermann hochgeachtet. Wie sehr vermißten wir sie, als sie von uns gingen!

In ihrem Brief an unsere Schule berichteten sie zunächst ein wenig über ihr neues Leben in New York und schrieben dann: „Wenn wir an unser geschäftiges Leben in Miami zurückdenken, fragen wir uns heute, weshalb wir uns das angetan haben."

Wir füllen unsere Leere mit Aktivitäten. Manchmal haben wir jedoch die Gelegenheit, innezuhalten, über unser Leben nachzudenken und es zu hinterfragen.

Zu meiner Schulzeit gab es in Staatsschulen noch öffentliche Schulgebete. In meiner Schule beteten wir ein Gedicht von John Greenleaf Whittier. Der dritte Vers dieses Gebetes sprach mich damals sehr an, und ich finde, er trifft auch unsere gegenwärtige Situation.

Dear Lord and Father of Mankind

Drop Thy still dews of quietness,
Till all our strivings cease;
Take from our souls the strain and stress,
And let our ordered lives confess
The beauty of Thy peace.
John. G. Whittier

Lieber Herr und Vater aller Menschen

Laß die Tautropfen deiner Ruhe auf uns fallen,
bis wir ganz zur Stille kommen;
nimm von uns die innere Unruhe
und laß unser geordnetes Leben
die Schönheit Deines Friedens bekennen.
John G. Whittier

Es wird immer Zerstreuung geben. Auch wird keiner von uns je wieder das verantwortungsfreie Leben eines Kindes haben, das unbegrenzte Zeit in einem geheimen Garten verbringen kann. Dabei spielt es keine Rolle, ob wir in der Hektik einer Großstadt leben, von den Belastungen unseres Berufes getrieben werden oder einen Bauernhof zu versorgen haben. Um jedoch seelisch gesund zu bleiben, brauchen wir Zeit für uns selbst in unserem eigenen geheimen Garten. Das kann eine Stunde am Tag sein, die wir für uns haben, ein ganzer Tag oder gar ein Urlaub, den wir ganz allein verbringen. Die Zeit heilt, stärkt, beruhigt und erfrischt.

Da mein Mann zu Hause arbeitet und die Kinder noch bei uns leben, bin ich selten allein. Ich entsinne mich an einen Tag, als sie einmal alle fort waren, vermutlich, um die Großmutter zu besuchen, und ich allein zu Hause geblieben war. Ich hatte noch etwas in der Stadt zu erledigen und traf dort eine Freundin. Von einer inneren Unruhe getrieben, verabschiedete ich mich schnell und war erstaunt über mich selbst, als ich ihr erklärte: „Ich muß nach Hause. Es ist niemand da, und ich kann einmal ganz für mich sein."

Als meine Kinder noch kleiner waren und meine Aufmerksamkeit mehr in Anspruch nahmen (ich hatte innerhalb von fünf Jahren drei Kinder bekommen, von denen eines hyperaktiv war), bereitete ich an manchen Tagen die Mahlzeit für die Familie vor, stellte sie auf den Tisch und ging dann allein zum Essen aus. Es war nicht wegen des Essens. Ich genoß es, allein an einem Tisch sitzen zu können und meinen Gedanken nachzuhängen.

Ich habe einen vollen Terminkalender und bin zu viel mit anderen Menschen zusammen. Sicher ist das nicht bei jedem so, aber bei vielen.

Aber nutzen Frauen, die mehr Zeit für sich haben als ich, diese Zeit wirklich für sich selbst, oder stürzen sie sich in alle möglichen Aktivitäten, womöglich mit eingeschaltetem Fernsehgerät als Geräuschkulisse? Wann nehmen wir uns die Zeit zur Muße, zum Nachdenken und zum Auftanken unserer Seele?

Wenn wir begreifen, wie wichtig es ist, auch einmal allein zu sein, werden wir uns auch die Zeit dafür nehmen. Alleinsein hat in unserer Gesellschaft nicht gerade einen hohen Stellenwert. Wir müssen uns schon bewußt darum bemühen. Gordon McDonald plant in seinem Terminkalender auch Zeit für sich selbst ein. Wenn er um einen Termin gebeten wird, schaut er in seinem Kalender nach und sagt dann, daß die betreffende Zeit schon verplant ist. Er sagt nicht: „Ich brauche Zeit für mich selbst." Das würden die Leute nicht verstehen. Anne Lindbergh schreibt in *Gift From the Sea:* „Sagt man aber: Ich kann nicht kommen, denn das ist die Stunde, die ich ganz für mich allein reserviert habe, dann gilt man als ungezogen, egoistisch oder als Sonderling. Was wirft es für ein Licht auf unsere Zivilisation, wenn das Bedürfnis nach Einsamkeit verdächtig erscheint; wenn man sich dafür entschuldigen, wenn man es verbergen muß wie ein geheimes Laster!" Die Gesellschaft akzeptiert eher den vollgestopften Terminkalender, die unnötige Besorgung, das aktive Leben.

Vor lauter Beschäftigung haben wir nicht die Zeit, unser Haus in Ordnung zu bringen. Wir haben keinen Überblick mehr über unser Scheckbuch, weil wir uns keine Zeit dafür nehmen. Wir legen unsere Wäsche später zusammen – oder wir nehmen sie einfach aus dem Korb, wenn wir sie brauchen. Doch schlimmer ist, daß wir unser *Inneres,* unsere Seele, vernachlässigen. Plato äußerte einmal, daß ein Leben, das nicht von Zeit zu Zeit überdacht wird, nicht wert ist, gelebt zu werden. Unser Leben ist zu geschäftig: Pläne geraten in Vergessenheit, Erinnerungen überstürzen sich, man kann sich nicht mehr richtig freuen. Wir leben so gehetzt, daß wir kaum wissen, wer wir sind, und noch weniger, wie wir uns entfalten und erholen können.

Diana, eine fast vierzigjährige Karrierefrau, hatte alles erreicht, was sie sich vorgenommen hatte, und empfand ihr Leben nun als flach und ziellos. Zum erstenmal war sie deprimiert und mit ihrer Weisheit am Ende. Zu Weihnachten machte ihr Mann ihr ein ganz besonderes Geschenk: Er hatte ihr eine kleine Rundhütte im Garten gebaut – ein Häuschen, in das sie sich zurückziehen konnte. Ihre Kinder schenkten ihr eine Woche für sich allein. Sie brachten ihr das Essen, kümmerten sich um den Haushalt und erlaubten niemandem, die Hütte zu betreten. Sieben Tage lang tat Diana einfach „gar nichts". Als die Woche um war, wußte sie, daß sie noch einmal eine Ausbildung machen wollte.

Ihr Alleinsein war zum Nährboden eines neuen Lebens geworden. Wir brauchen Zeiten des Alleinseins, wenn wir innerlich wachsen wollen.

Wir müssen innehalten, nachdenken, in die Einsamkeit gehen, uns die Zeit nehmen, nur wir selbst zu sein.

Der Talmud erzählt die Geschichte eines gewissen Rabbi Sussja. Als dieser einmal über den Grund seines Daseins nachdachte, sagte er: „In der kommenden Welt wird man mich nicht fragen: ‚Warum bist du nicht Mose gewesen?' Man wird mich fragen: ‚Warum bist du nicht Sussja gewesen?'"

Wie ist das mit Ihnen? Oder mit mir? Sind wir die beste Maria, der beste Peter oder die beste Sandra, die wir nur sein können? Oder haben wir uns in der Hektik unseres Lebens selbst verloren?

> *Was immer wahrhaft,*
> *edel, recht,*
> *was lauter, liebenswert ansprechend ist,*
> *was Tugend heißt*
> *und lobenswert ist,*
> *darauf seid bedacht!*
> *Philipper 4,8*

20 Die Suche nach dem Glück

Weniger ist mehr.
Robert Browning

Wie können wir zu dem Menschen werden, der wir sein sollen?

Wie können wir zu dem Punkt gelangen, wo wir auf unser Leben blicken – und dazu gehört auch unser Haushalt – und sagen: „Das bin ich, und es ist sehr gut." Das war Rabbi Sussjas Ziel. Dieses Ziel werden wir nicht zufällig erreichen. Wir müssen es ganz bewußt verfolgen.

Strebe nach Einfachheit

Wirklich erfolgreiche Menschen trachten danach, ihr Leben zu vereinfachen.

Die Mount Vernon-Methode der Anonymen Messies kann der Beginn eines einfacheren Lebens sein, da wir uns von unnötigen Dingen trennen. Manche versuchen jedoch, ihren Überfluß umzuordnen. Dazu ermutigen uns gewisse Frauenzeitschriften oft geradezu, wenn uns vorgeführt wird, wie wir in allen möglichen Ecken und Winkeln noch Dinge unterbringen können. Widerstehen Sie der Versuchung, immer mehr auf immer engerem Raum unterzubringen. Versuchen Sie lieber, die überflüssigen Dinge loszuwerden, die unser Leben nur komplizierter machen.

Zur Vereinfachung unseres Lebens müssen wir auch unsere Aktivitäten einschränken. Wir geben manche Tätigkeiten ganz auf oder geben sie an andere weiter, damit unser Leben nicht nur aus geschäftiger Hektik besteht. Wenn wir unnötige Termine, unwichtige Besorgungen und fruchtlose Aktivitäten aus unserem Leben streichen, werden wir das als eine Befreiung erfahren. Seien Sie auf der Hut, daß Sie nicht etwa mit Hilfe von Zeitmanagement-Techniken Ihre Zeit so organisieren, daß Sie noch mehr Aktivitäten in Ihren ohnehin schon vollen Terminkalender packen können. Es geht vielmehr darum, nur die wichtigsten und wertvollsten Aufgaben auszuwählen. Und diese Tätigkeiten können nun eine Bedeutung annehmen, die sie in der Hektik unseres Lebens verloren hatten. Wenn wir bloß von einer Aktivität zur anderen hetzen, läuft alles automatisch ab, wir können die einzelnen Tätigkeiten gar nicht mehr bewußt erleben. Dagegen müssen wir uns schützen. Wenn man ausgesäte Blumen nicht nach einer gewissen Zeit vereinzelt, können sie sich nie zu ihrer vollen Schönheit entfalten. Genauso ist es mit unserem Leben. Wenn wir unsere Kräfte nicht auf wenige Dinge konzentrieren, verliert unser Leben an Vitalität und kann nicht zur vollen Entfaltung kommen. Wenn wir meinen, alles mögliche tun und überall mitmischen zu müssen, verurteilen wir uns zur Mittelmäßigkeit. Wenn wir unser Leben zur vollen Schönheit entfalten wollen, müssen wir uns auf Weniges und Wesentliches beschränken.

Lebe mit der Natur

Manche Menschen haben das Glück, in einer landschaftlich schönen Gegend zu wohnen. Vielleicht haben Sie von Ihrem Balkon aus einen herrlichen Blick auf Berge und Täler. Oder Sie schauen aus Ihrem Fenster auf die Weite des Meeres und die sich ständig verändernden Bewegungen der Wellen. Vielleicht fällt Ihr Blick an einem stillen Morgen auf die spiegelglatte Fläche eines Sees. Ihnen liegt die Natur sozusagen „zu Füßen". Die meisten Menschen haben jedoch nicht solches Glück. Sie müssen sich von ihrem Haus entfernen, wenn sie die Natur erleben wollen. Wir alle brauchen einen regelmäßigen Kontakt mit den Schönheiten der Natur, damit wir uns zu dem Menschen entwickeln, wie er von Gott bestimmt ist. Nicht umsonst lebten Adam und Eva in einem Garten. Wir Menschen sind aus Erde gemacht, und zur Erde werden wir zurückkehren. Wir leben nicht nur auf der Erde, wir *sind* Erde.

Wenn wir nur auf Asphaltstraßen fahren und auf zu viele Betonwände starren, ohne von Zeit zu Zeit zu unseren Ursprüngen zurückzukehren, geht mit der Zeit ein Stück unserer Identität verloren.

Im südlichen Florida, wie auch an vielen anderen Orten, haben wir unsere Probleme mit dem naturnahen Leben. Die tropische Landschaft ist, wie ein hochsensibles Pferd, wunderschön anzusehen. Aber es ist nicht so einfach, mit ihr zu leben. Die Hitze, die Helligkeit, die Überfülle der Pflanzen, die Insekten — das alles treibt uns in die Häuser, weg von der Natur, in klimatisierte Räume und hinter Moskitonetze. Wer hier Urlaub macht, für den mögen der Ozean, die Palmen und die tropische Sonne eine Erholung sein. Wer aber schon lange hier lebt, spürt mit der Zeit eine Sehnsucht nach der Vegetation in gemäßigteren Klimazonen.

Wir als Familie bemühen uns, nicht den Kontakt zur Natur zu verlieren. Ungefähr neun Meter unserer Wohnzimmerwände bestehen aus Fenstern. Drei dieser großen Fenster reichen vom Boden bis zur Decke. In unserem Garten hat mein Mann eine Fülle tropischer Gewächse gepflanzt. Wenn wir in unserem Wohnzimmer sitzen, hören wir die Vögel singen, wir vernehmen Geräusche aus der Nachbarschaft und das Platschen der Regentropfen auf den Blättern der Palmen. Während ich jetzt schreibe, tobt gerade ein Hagelsturm, da unsere Regenzeit beginnt. Vor meinen Augen hüpfen weiße Eismurmeln auf dem grünen Gras. Die Natur ist voller Überraschungen.

Damit ich selbst regelmäßig aus dem Haus komme, benutze ich für meine Wäsche einen Solartrockner (manchen auch als Wäscheleine bekannt) statt eines automatischen Wäschetrockners. Weil ich meine Wäsche draußen trockne, muß ich regelmäßig in den Garten gehen. Ich spüre die Hitze, die Kühle, den Wind, und ich schaue nach Regenwolken am Himmel aus. Um meine Wäsche zu trocknen, arbeite ich mit der Natur zusammen.

Unser Haus hat keine Heizung. Es wird durch die Sonne erwärmt und gelegentlich durch einen elektrischen Heizkörper. Zur Kühlung benutzen wir Ventilatoren und den Schatten der Bäume im Garten. Unser Schlafzimmer hat eine Klimaanlage, aber sie wird selten benutzt.

Wir leben mit den Veränderungen des Wetters, nicht gegen sie. Damit will ich jedoch keinesfalls sagen, daß unsere Art zu leben für alle Tropenbewohner die einzig richtige ist und für Leute in gemäßigteren Breiten natürlich schon gar nicht. Ich meine jedoch, wenn wir nicht auf der Hut sind, können wir uns in dieser technologisierten Gesellschaft so weit von der Natur entfernen, daß wir nur noch im Urlaub oder an einem freien Tag in die Natur gehen. Wir sollen uns an ihr freuen und mit ihr leben, nicht nur sie benutzen. Auch das dient zur Entfaltung unseres Lebens. Wo Sie auch immer wohnen, suchen Sie den Kontakt mit der Natur, und zwar möglichst allein.

Als Kind wanderte ich in Arkansas über ein Moor. Der Moorboden war so fest, daß ich auf ihm laufen konnte, ohne daß der Schlamm an meinen Füßen klebte oder zwischen meinen Zehen hervorquoll. Es war herrlich. Ich entsinne mich, wie ich einmal auf einem Teich ruderte und an den Uferbänken in die Mäuler zischender Mokassinschlangen blickte. Ich erinnere mich auch, wie ich im dunklen kühlen Wasser eines Baches in Florida watete. Solche Erfahrungen haben mich in meinem Menschsein reifen lassen. Sie sind für mich nicht nur vergangene Kindheitserlebnisse, sie sind zu einem Teil meiner selbst geworden. Solche heilenden Naturerlebnisse brauchen wir immer wieder.

Finde einen Lebensrhythmus

Die Natur hat ihren Rhythmus von Tag und Nacht. Ein Mond-
monat besteht aus achtundzwanzig Tagen. Wir leben im
Rhythmus der Jahreszeiten. Wir Menschen haben die Zeit in
Wochen, Monate und Jahre eingeteilt, die sich an die Rhythmen der Natur anlehnen.

Auch Gott hat Rhythmen, die wir in der Natur um uns
erkennen. Der Schöpfungsbericht erzählt, daß Gott sechs Tage
arbeitete und einen Tag ruhte. Die orthodoxen Juden sind diesem Beispiel und Gebot gefolgt und haben an einem Tag der
Woche strenge Sabbatruhe gehalten. Auf diese Weise erhält
das Leben einen starken wöchentlichen Rhythmus.

Rhythmen verleihen dem Fluß unseres Lebens Bedeutung.
Doch für manche Menschen besteht ihr einziger Rhythmus in
Arbeit bis zur Erschöpfung. Schlaf, aus dem sie zur Arbeit
erwachen, und wiederum Arbeit bis zur Erschöpfung. Wir hetzen durch den Tag und trinken Unmengen von Kaffee, um uns
wach und aktiv zu halten.

Das ist das Muster eines gehetzten Lebensstils. Wie Musik,
die zu schnell und ohne Rhythmus und Pausen gespielt wird,
haben wir einen Mißklang in unserem Leben. Wir müssen das
Metronom auf einen langsameren Rhythmus einstellen und
einem stetigen Rhythmus folgen, zu dem auch Pausen gehören.

Solch einen Lebensrhythmus aufzustellen, erfordert Planung. Gandhi nahm sich vor, jeden Tag zu spinnen. Bernard
Baruch wollte täglich einmal auf einer Parkbank sitzen. Jeder
von uns muß seinen Tag so planen, wie es seinem Wesen und
seinen Lebensumständen angemessen ist. Ich beginne meinen Tag gern mit einer Zeit für mich selbst. Da ich ein Morgen-
mensch bin, erwache ich gewöhnlich ganz von selbst um 5.30
Uhr. Meistens stehe ich dann gleich auf und setze mich im
Wohnzimmer in meinen Sessel, wo ich die nächste Stunde
ganz allein verbringe — ohne Fernsehen und Zeitung. Zuerst
schreibe ich in mein Tagebuch. Das hilft mir, Klarheit in meine

Gedanken zu bringen. Ich lese die Bibel und gelegentlich auch andere geistliche Bücher. Ich denke nach und bete. Die Stunde vergeht sehr schnell. Ich habe keinen bestimmten Plan für diese Zeit. Es ist einfach eine Stunde, in der ich allein bin — aber doch wieder nicht gänzlich allein. Wie in Michelangelos Bild von der Erschaffung Adams strecke ich meinen Finger aus, um den Finger zu berühren, aus dem alles Leben entspringt, und fühle mich erfrischt und gestärkt.

Diese Zeit der Stille geht nur allzuschnell zu Ende. Die Familie steht auf, ich lese die Zeitung, mache das Bett, frühstücke, ziehe mich an und gehe zur Arbeit. Das Lebenstempo nimmt zu, aber diese stille Zeit am frühen Morgen hat dem Tag Bedeutung verliehen. Das Leben erscheint mir jetzt klarer, voller, lebendiger.

Ich halte auch den Sonntag als einen Ruhetag. Das verleiht der Woche einen stetigen Rhythmus. Der Gottesdienst am Sonntagmorgen ist für mich der Höhepunkt der Woche. Wenn wir nach Hause kommen, nehmen wir als Familie die Sonntagsmahlzeit ein. Am Nachmittag ruhen wir uns aus, und am Abend nehmen wir an einer Veranstaltung unserer Gemeinde teil, oder wir sehen auch fern, wenn keine solche Veranstaltung geplant ist. Einmal im Monat gibt es in unserer Gemeinde ein gemeinsames Mittagessen. Sonst ist am Sonntag nichts Besonderes geplant, und das ist gerade das Besondere.

Die Stunde im Gottesdienst war für eine Frau von jeher eine Zeit, die sie, ohne abgelenkt zu werden, allein verbringen konnte. Eine Stunde des Gebets, der Meditation, der Belehrung und der Schönheit. Sie steht, wie auch jedes andere Gemeindeglied, allein vor ihrem Gott. Es ist eine Zeit, in der Wesentliches geschieht, eine Zeit der Auferbauung. In dieser besonderen Zeit stellen die Kinder keine Forderungen, äußert der Mann keine Bedürfnisse.

Ist das Metronom unseres Lebens jedoch auf einen allzuschnellen Rhythmus eingestellt, werden wir diese Unterbrechung unserer alltäglichen Geschäftigkeit gar nicht richtig schätzen können. Selbst ein so bedeutsamer Aspekt des Lebens wird nur wieder zu einer neuen Verpflichtung statt zu

einer Zeit, wo wir innehalten und unser Leben neu orientie-
ren. Wenn unser Leben bereits mit fruchtlosen Aktivitäten
vollgestopft ist, werden wir nach einem geschäftigen Samstag
am Sonntagmorgen schon unwillig erwachen. Wenn wir zu
spät aufstehen, werden wir zum Gottesdienst hetzen, nachdem
wir die Kinder und vielleicht auch den Ehemann zur Eile angetrieben haben. Bis wir innerlich zur Ruhe kommen, ist schon
der halbe Gottesdienst vorbei. Nach der Kirche stürzen wir uns
in weitere Aktivitäten, und das um so hektischer, da wir schon
so viel kostbare Zeit durch den Gottesdienstbesuch „verloren"
haben.

Ich weiß, wovon ich rede, denn ich selbst habe früher auch
nach diesem Muster gelebt. Wenn der Sonntag erholsam werden soll, müssen wir schon am Samstag das Tempo unserer
üblichen Geschäftigkeit drosseln. Um das zu erreichen, ist es
wichtig, daß wir unsere Arbeit an den Wochentagen gut einteilen. Auch hier müssen wir uns einen bedächtigeren Rhythmus
angewöhnen. Nur dann sind unsere Pausen wirklich Erho-
lungspausen.

Strebe nach Schönheit

Suchen Sie nach Augenblicken der Schönheit, wo immer Sie
sie finden können. Gerade, wenn wir allein in der Natur sind,
werden wir solche Momente erleben. Sie überwältigen uns in
einem Sonnenauf- oder -untergang, auf einer Urlaubsreise
oder bei einem Spaziergang. Schönheit ist jedoch nicht nur in
der Natur zu finden.

Wir finden Schönheit auch beim Lesen. Ich lese sehr gerne
Biographien, Autobiographien, Sachbücher oder auch geistliche Bücher. Gerade Biographien handeln ja von Menschen,
deren Leben uns viel zu sagen hat. Hier liegt viel Schönheit
verborgen.

Leider lese ich nicht gerne Romane oder Gedichte. Das ist
schade, denn gerade in dieser Literaturform sind oft tiefe

Wahrheiten und Erkenntnisse enthalten. Jeder hat seine eigenen Leseinteressen. Wichtig ist, daß Sie überhaupt lesen, ob Sie nun Gedichte oder Sachbücher bevorzugen. Lesen Sie Bücher, die Sie innerlich aufbauen. Arbeiten Sie mit den Büchern. Unterstreichen Sie Stellen, die Ihnen wichtig erscheinen. Machen Sie sich Randnotizen. Oder notieren Sie wichtige Seiten des betreffenden Buches in Ihrem Tagebuch. Ich mache auch deshalb so viele Literaturangaben in meinen Büchern, um einige bemerkenswerte Bücher aus der Fülle des Buchmarktes herauszuheben. Meiden Sie Mittelmäßigkeit. In guter Literatur finden wir Höhepunkte und Schatten, die auch unserem Leben Tiefe verleihen können.

Eine weitere Quelle der Schönheit ist die Musik. Es gibt wohl kaum einen Bereich im Leben, der solche Höhen der Inspiration erreicht hat und auch solche Tiefen der Häßlichkeit. Sie können sich glücklich schätzen, wenn Sie einen guten Musikgeschmack entwickelt haben. Wenn Sie keine Beziehung zu guter Musik haben, versuchen Sie, sich einmal damit zu befassen. Besuchen Sie Konzerte, kaufen Sie sich Platten oder CDs. Achten Sie einmal auf den Musikgeschmack von Freunden, deren Lebensart Sie schätzen.

Was gibt es zu Film und Fernsehen zu sagen? Gerade in diesem Bereich findet sich vieles, was der Seele mehr schadet als nützt. Aber es gibt auch hier Gutes — wir müssen uns nur die Mühe machen, sorgfältig auszuwählen. Wenn wir auf Qualität achten, können wir auch im Fernsehen und Kino viel Schönheit entdecken.

Schließlich ist da unser Haus oder unsere Wohnung. Einfachheit schließt Schönheit nicht aus, sie hebt sie vielmehr hervor. Wir wollen unseren Haushalt auch deshalb unter Kontrolle bekommen, weil wir uns mit Schönheit umgeben möchten. Stellen Sie sich Ihr geschmackvoll eingerichtetes Haus vor. Es ist eine wahre Augenweide. Auch Sie sind schön, wenn Sie darin leben. Ihr Haus oder Ihre Wohnung spiegelt Ihre innere Schönheit wider. Und Sie erfreuen sich Ihrerseits an diesem Anblick. Versuchen Sie, in Ihrem Heim Schönheit zu schaffen.

Strebe nach Qualität

Wir können allen möglichen Aktivitäten und Tätigkeiten nachgehen, ohne daß diese für uns oder andere eine Bedeutung
haben. Nur, wenn wir ganz bewußt nach Qualität suchen, werden unsere Aktivitäten mit Leben erfüllt. Das hat Rabbi Sussja
gespürt. Tief in sich verspüren auch Sie eine Sehnsucht nach
Qualität. Jetzt erhält auch die Hausarbeit einen neuen Sinn. Sie
besteht nun nicht mehr aus automatisch ausgeführten Tätigkeiten. Sie lesen auch dieses Buch, weil Sie sich nach mehr
Lebensqualität sehnen.

Eine Schülerin von Pablo Casals, dem weltbekannten Celli-
sten, spielte ihrem Lehrer ein Stück vor. Obwohl ihr Spiel tech-
nisch perfekt war, spürte sie, daß ihr irgend etwas fehlte, als sie
ihren Lehrer das gleiche Stück spielen hörte. Die Musik pul-
sierte und erglühte richtig, wenn er über die Saiten strich.

„Bringen Sie die Musik zum Regenbogen", drängte er sie.
Verzweifelt suchte sie den Regenbogen, und als sie ihn gefun-
den hatte, kam die Musik aus ihrem Inneren und war von tiefer
Freude durchglüht.

Darin liegt unsere Aufgabe: Die Musik unseres Lebens zum
Regenbogen der Lebensqualität zu bringen. Das erreichen wir
durch die Vereinfachung unseres Lebensstils, ein Leben im
Einklang mit der Natur, einen befriedigenden Lebensrhythmus und Freude an der Schönheit.

Wenn wir einmal eine so glühende Freude empfinden,
werden wir nie mehr derselbe Mensch sein. Und unser Haus?
Das Haus oder die Wohnung wird sich durch die Kraft der Veränderung in uns ganz von selbst ebenfalls verwandeln.

Nachwort

Mehr von diesem Messie

In diesem Buch habe ich häufig auf meine eigenen Erfahrungen angespielt. Damit Sie diese besser einordnen können, möchte ich Ihnen meine Lebensgeschichte einmal chronologisch erzählen.

Doch zuvor will ich noch eine Warnung aussprechen, denn diese Geschichte hat auch mit meinem Glauben zu tun. Wenn Sie also mit Religion nichts im Sinn haben, legen Sie das Buch beiseite. Wenn Sie aber neugierig geworden sind und doch weiterlesen, sagen Sie nicht, ich hätte Sie nicht gewarnt.

Um der Geschichte willen stellen wir uns das Leben als eine Reise vor und die Kindheit als eine Vorbereitung auf die Reise des Erwachsenseins.

Wenn wir die Kindheit als Vorbereitung auf unser späteres Leben sehen, müssen wir so viel Gutes wie nur möglich in das Gepäck der Erfahrungen packen. Wir müssen versuchen, vorwärtszublicken, um zu sehen, was wir einmal brauchen. Wie bei jeder langen Reise benötigen wir fast alles, was wir einpacken — und mehr.

Als ich jung war, packte ich alles ein, von dem ich annahm, daß ich es einmal brauchen würde. Ich hatte einen ziemlich klassischen Geschmack. Ich nahm die Schule sehr ernst. Zusätzlich zu meinen Schulfächern hatte ich noch Unterricht in Französisch und Kunst. Das Lernen fiel mir leicht, und ich packte Wißbegier und Lerneifer in mein Gepäck.

Unbewußt packte ich auch andere Dinge ein, z.B. einen ausgeprägten Willen oder eine Neigung, auf ernsthafte Probleme unangemessen zu reagieren. Das heißt, meine Reaktionen waren völlig überzogen. Wurden meine Kinder krank, dachte ich, sie würden sterben. Passierte ein Mißgeschick, kam das in meinen Augen einer Katastrophe gleich. Sie können sich vielleicht vorstellen, daß ich mit manchen Dingen nur schwer zurechtkam.

Als Kind war ich sehr religiös. Ich besuchte eine Konfessionsschule, ging jede Woche zum Gottesdienst und versuchte ernsthaft, ein moralisches Leben zu führen. Ich nahm an, daß ich dadurch Frieden mit mir selbst und mit Gott bekommen würde. Aber es klappte nicht. Wie sehr ich mich auch bemühte, ein gutes Leben zu führen, hatte ich doch nie das Bewußtsein, mit Gott im reinen zu sein. Ich hatte das ungute Gefühl, daß ich meine Sünden durch mein „Gutsein" nicht aufwiegen konnte. Kurz, ich trug eine Menge ungelöster Schuldgefühle mit mir herum.

Zu dieser Zeit hatte mein Onkel, der seinen Seelenfrieden in Trinken, Spielen, Erfolg im Geschäftsleben und Hobbies suchte, eine Gotteserfahrung, die sein ganzes Leben umkrempelte. Als er mir davon erzählte, berührte er meinen wunden Punkt. In der Bibel lesen wir folgende Aussage: „Als aber die Güte und Menschenliebe Gottes, unseres Retters, erschien, hat er uns gerettet — nicht weil wir Werke vollbracht hätten, die uns gerecht machen können, sondern aufgrund seines Erbarmens — durch das Bad der Wiedergeburt und der Erneuerung im Heiligen Geist" (Titus 3, 4.5). An anderer Stelle heißt es: „Denn aus Gnade seid ihr durch den Glauben gerettet, nicht aus eigener Kraft — Gott hat es geschenkt —, nicht aufgrund eurer Werke, damit keiner sich rühmen kann" (Epheser 2, 8.9). Also hier lag das Problem! Gott vergab uns nicht unsere Schuld, indem er unsere guten Werke gegen die schlechten aufwog. Ich war auf dem falschen Weg und wunderte mich, warum ich nicht ans Ziel kam.

So packte ich also im Alter von dreizehn Jahren zusammen mit vielen anderen Dingen auch ein festes Vertrauen in mein

Gepäck, daß meine „Wiedergeburt" und „Rettung" allein durch Christi Tod am Kreuz erreicht waren. Und tatsächlich, als ich aufhörte, Gott um meine Errettung anzuflehen und ganz einfach die Erlösung annahm, die er mir bereits angeboten hatte, fand ich den inneren Frieden, nach dem ich mich so sehr gesehnt hatte. Auch ihn packte ich zu meinem Reisegepäck und schlug einen neuen Weg ein.

So packte ich Jahr um Jahr. Als ich dann im Alter von einundzwanzig Jahren heiratete, begann ich, unabhängig von meinem Elternhaus, meine eigene Reise. Natürlich nahm ich im Laufe der Zeit immer wieder ein paar Dinge mit, wie wir das alle tun. Aber im großen und ganzen lebte ich von dem, was ich schon während meiner Kindheit eingepackt hatte.

Gleich zu Beginn meiner Ehe holte ich meine Neigung zu Sturheit und Starrsinn aus dem Gepäck. Das ist keine gute Mitgift für eine junge Ehe, in der zwei Menschen lernen sollen, miteinander eins zu werden. Aber so war das.

Ich entdeckte dann auch, daß ich sehr unordentlich war. Bald hatte ich unsere kleine Wohnung in ein Chaos verwandelt. Das überraschte mich. Bis dahin hatte ich in dem wohlgeordneten und schöngestalteten Haus meiner Mutter gelebt. Ich hatte angenommen, daß mir die Haushaltsführung leicht fallen würde. Das war jedoch nicht der Fall. Den Haushalt in den Griff zu bekommen, war ein täglicher Kampf für mich, bis ich nach dreiundzwanzig Jahren eine Methode fand, nach der ich diese Aufgabe endlich bewältigte. Dann begann ich, diese Erkenntnis anderen mitzuteilen und gründete die Anonymen Messies.

In dem Maße, wie diese Bewegung sich ausbreitet, bin ich damit beschäftigt, Messies bei ihren Problemen zur Seite zu stehen. Das geschieht durch Korrespondenz, aber auch durch eine wachsende Anzahl von Seminaren für verschiedene kirchliche und gesellschaftliche Gruppen. Es entstehen immer mehr Selbsthilfegruppen, und ich denke, daß diese Gruppen bald so stark und zahlreich sein werden, daß sie Messies, die ihr Leben ändern wollen, als Ermutigung und Unterstützung dienen können.

In jenen Tagen fand ich jedoch noch etwas anderes in meinem Gepäck, von dessen Existenz ich nichts gewußt hatte. Ich hatte es nicht selbst eingepackt. Es war für mich eingepackt worden. Ich wurde zu einer Zeit geboren, als man in der Medizin und in anderen Wissenschaften die Kraft radioaktiver Strahlen entdeckte. Zu jener Zeit glaubten Mediziner, daß es ein zusätzlicher Gesundheitsschutz für Neugeborene sei, wenn die Thymusdrüsen der Babys einer starken Bestrahlung unterzogen würden. Auch ich erhielt eine starke Strahlendosis, wie viele andere Babys in fortschrittlichen Kliniken. Später verursachte diese Bestrahlung vielen von uns ernsthafte Probleme.

Als ich eines Tages neben meinem frisch angetrauten Ehemann auf dem Sofa saß, sagte er: „Was ist das für eine Schwellung an deinem Hals?"

„Mach keine Witze!"

Doch da war tatsächlich eine Schwellung. Der Arzt, den ich aufsuchte, meinte, man brauche sie nicht gleich zu entfernen. Ich könne damit warten, bis ich in ein paar Monaten eine neue Stelle antreten würde. Es gäbe überhaupt keinen Grund zur Besorgnis.

Als jedoch das Ergebnis der Biopsie da war, gab es doch Grund zur Sorge. Ich hatte Schilddrüsenkrebs. Mit einundzwanzig Jahren glaubte ich, dem sicheren Tod entgegenzusehen. Meine Tante war gerade an Krebs gestorben.

Zu dieser Zeit wurde all das, was ich in meinem Gepäck hatte, auf den Prüfstand gestellt. Man sagt, daß man ein neugebautes Schiff bei seiner Testfahrt mit voller Kraft vorausfahren läßt und dann eine plötzliche Kehrtwendung macht. Was nicht gut befestigt ist, fällt dabei herunter. Dasselbe geschah mit mir. Vieles, was nicht wirklich befestigt war, ging verloren.

Zu dieser Zeit fand ich in meinem Reisegepäck die eben erwähnte Unfähigkeit, mit Problemen umzugehen. Davon hatte ich vorher nichts gewußt. Ich erkannte auch, daß der starke Wunsch, meinen eigenen Willen durchzusetzen, mich wütend sein ließ auf Gott, wenn ich an den Krebs dachte. Warum hatte er mir das angetan? Ich bekam Wutanfälle, um ihm zu zeigen, wie ärgerlich ich war. Aber ich nannte das nicht so, ich nannte es Depression. Mehrere Jahre lang haderte ich mit Gott wegen seiner angeblichen Mißhandlung meiner Person. Zu der Zeit erkannte ich nicht, daß es der Zorn auf Gott war, der meine Depression ausgelöst hatte. Als ich das begriff, war ich bereit, Gott zu „vergeben" und ihn um Vergebung zu bitten. Ich war bereit, meinen eigenen Willen dem seinen unterzuordnen.

Es überraschte mich, daß ich am Leben blieb. Einige Zeit verging. Der Krebs kehrte nicht zurück. Ich gab wieder Unterricht. Ich bekam Kinder. Wir feierten unsere Silberhochzeit. Eines Tages entdeckte ich wieder eine Schwellung.

„Nein." Der Arzt beruhigte mich. „Ich glaube, Sie brauchen sich keine Sorgen zu machen. Es ist weiches Gewebe. Ich bin sicher, es ist nichts Ernstes. Aber wir sollten eine Mammographie machen lassen, einfach weil es ratsam ist, in regelmäßigen Abständen eine solche Kontrolle durchzuführen. Ich mache für Sie einen Termin in der Klinik."

Es war wieder Krebs. Dieses Mal war es Brustkrebs. Ich mußte mir die Brust abnehmen lassen. Jetzt fand ich bessere Dinge in meinem Gepäck als früher, um mit dieser Krise fertig zu werden. Ich hatte mehr Vertrauen in Gottes guten Willen für mein Leben und nicht mehr so stark den Wunsch, meinen eigenen Willen durchzusetzen. Ich hielt mich an den Vers in 1. Mose 18, 25, in dem es heißt: „Sollte sich der Richter über die ganze Erde nicht an das Recht halten?" Ich fand Gottes Frieden inmitten meiner Probleme. Vielleicht begriff ich endlich ein wenig mehr von unserer Lebensreise.

Der Krebs wurde in einem frühen Stadium beseitigt und ist bisher nicht wiedergekehrt. Diese Erfahrung ruft uns etwas sehr Wichtiges in Erinnerung. Wenn wir mit dem Tod rechnen müssen, was ich jedesmal tun muß, wenn der Arzt eine lebensbedrohliche Krankheit feststellt, ist es sehr wichtig, zu wissen, auf welchem Weg wir sind und wo dieser enden wird. Wenn ich sterbe, was uns allen eines Tages passiert, weiß ich mit Gewißheit, daß meine Lebensreise bei meinem Vater im Himmel enden wird.

»Anonyme Messies, Deutschland« unterstützt Selbsthilfegruppen für Menschen, die an ihrem desorganisierten Lebensstil leiden, und die daran etwas ändern wollen. Eingefahrene Verhaltensmuster zu verändern ist schwierig. Es hilft, dabei von anderen, denen es ähnlich geht, unterstützt und ermutigt zu werden.

Anonyme Messies, Deutschland · Frau Susanne Herms
c/o Brendow Verlag · Gutenbergstr. 1 · 47443 Moers

Weitere Bücher von Sandra Felton:

Im Chaos bin ich Königin
Überlebenstraining im Alltag
Paperback. 180 Seiten. ISBN 3-87067-556-X
Einleuchtend, ermutigend und humorvoll werden die tiefen Ursachen von Chaos und Unordnung aufgedeckt, und der Weg der Veränderung zu einem neuen Selbstbewußtsein aufgezeigt.

Ohne Chaos geht es auch!
Das ultimative Praxisbuch für Messies
Paperback. 160 Seiten. ISBN 3-87067-639-6
Praktische Tips helfen, den Alltag besser zu organisieren, und sorgen so für eine bisher nie gekannte Lebensqualität.

Laß uns das Chaos überleben!
Hilfen für Menschen, die mit »Messies« leben
Paperback. 176 Seiten. ISBN 3-87067-676-0
Das Leben mit einem Messie als Partner, Eltern, Kinder oder Freund kann schnell an Belastungsgrenzen führen. Dieses Buch gibt wertvolle Hilfestellungen, damit eine Beziehung am Chaos nicht zerbrechen muß.